读懂投资 先知未来

大咖智慧
THE GREAT WISDOM IN TRADING

成长陪跑
THE PERMANENT SUPPORTS FROM US

复合增长
COMPOUND GROWTH IN WEALTH

一站式视频学习训练平台
WWW.DUOSHOU108.COM

三角洲理论
隐藏于市场中的秩序

威尔斯·威尔德 著
高海嵘 译

山西出版传媒集团
山西人民出版社

图书在版编目（CIP）数据

三角洲理论 ／（美）威尔德著；高海嵘译．—太原：山西人民出版社，2013.8
ISBN 978-7-203-08106-7

Ⅰ．①三… Ⅱ．①威… ②高… Ⅲ．①股票投资－投资分析
Ⅳ．①F830.91

中国版本图书馆CIP数据核字（2013）第030878号

著作权合同登记号　图字：04-2013-006

三角洲理论

著　　者：	（美）威尔德
译　　者：	高海嵘
责任编辑：	魏美荣
装帧设计：	兆天书装

出 版 者：	山西出版传媒集团·山西人民出版社
地　　址：	太原市建设南路21号
邮　　编：	030012
发行营销：	0351-4922220　4955996　4956039
	0351-4922127（传真）　4956038（邮购）
E-mail：	sxskcb@163.com　发行部
	sxskcb@126.com　总编室
网　　址：	www.sxskcb.com
经 销 者：	山西出版传媒集团·山西人民出版社
承 印 者：	廊坊市祥丰印刷有限公司
开　　本：	787mm×1092mm　1/16
印　　张：	12.25
版　　次：	2013年8月第1版
印　　次：	2022年11月第2次印刷
书　　号：	ISBN 978-7-203-08106-7
定　　价：	78.00元

如有印装质量问题请与本社联系调换

三角洲理论

序 言

我根本没想过——即便是在异想天开的梦境里——我会写出这本书,更别说公开出版了。

但是,1990年夏天,一家全国性报纸上的一则毫不起眼的广告引发了连环事件,最终导致了这本书的出版。

那则广告登出的当天,Delta的两位董事(从世界的不同地方)给我打电话,专为这则广告。他们当初为获得Delta秘密每人支付了35,000美元,现在他们担心 秘密已经被泄露了。

其中一人将广告传真给我。我必须承认,我所见到的东西让我很震惊。广告是这样的:某个人(我叫他加里·麦坎)看着我说,他有一本书想卖,其中会揭示这个秘密——"关于市场,史上最重要的发现"。

这个广告的版式和文案,几乎与我1985年和1986年在全世界报纸和杂志上刊登的Delta国际学会(THE DELTA SOCIETY INTERNATIONAL)广告一模一样。同样使用了乔治·马雷夏尔(George Marechal)的图表,同样说能够在十年或更长的时间前预测两种分析周期的转折点,甚至是精确性的百分比描述(稍有改动)都与我以前的广告一模一样。我当即就想到了,这个星球上不存在广告中描述的那种东西,除了Delta理论 (Delta Phenomenon)。

让我吃惊的是有人要出版关于Delta的书,更让我气愤的是这个人还有胆量用我的广告来卖书!

我当时所做的第一件事是试着买到那本书,但得到的回复是书要三四周才能准备好。然后我试着联系加里·麦坎,但也没联系上。于是我就和我的律师召开了紧急会议,确立了行动方案。我们给麦坎发了挂号信,要求他立即停止刊登我的广告,而且说我们担心他有意参与非法计划,导致违约

三角洲理论

行为，等等。我们还要求拿到一本书。

我们通知所有业内杂志和报纸，说麦坎先生将因为剽窃我的广告惹上官司，并警告他们如果刊登广告就有可能遭到起诉。

麦坎先生雇了一名律师，与我的律师互通信函。他什么都不承认，还企图平息这件事。他不给我们提供书，最后还说麦坎先生想做更多的调查，重写这本书等和稀泥的说法！

所有当事人都明白，秘密被泄露了。现在的形势是，有人要把Delta进行资本化，而且这只是时间问题。同样，所有当事人也明白，是Delta的一个董事违反了保密协议。

我必须承认，我刚开始被这些突发事件搞昏了头。接着，我慢慢开始考虑解决办法，方案逐渐成形。

首先，我要获得Delta秘密的专利，然后写唯一一本原创的专著进行全面介绍。我会将这本书收益的四分之三给Delta董事。虽然这本书会披露我教给每个Delta董事的所有内容，他们都曾为这个来过格林斯博罗市（Greensboro），但书中不会对所有市场给出具体方案，也不会指出未来的转折点在哪里。

这样做可能会辜负Delta学会国际各会员的信任，他们在2000年之前都能得到这个信息。

这本书能够让每个购书人复制我和吉姆·斯罗曼（Jim Sloman）为Delta所做的工作，包括在任何市场中使用任意五个Delta分析周期。这能让读者有能力开发计算机程序，预测任何市场的某个未来日期。但是，因为Delta理论受专利保护，他不能把这个信息卖给批发商或零售商……他只能自己使用。

我越掂量这个计划，越觉得它对每个人来说都是收益大过损失。

Delta会员继续是唯一能够获得未来Delta转折点信息和我的每月会员通讯的独家团体，通讯中包含了所有市场的连续

三角洲理论

更新,并指出了所有市场的最佳交易条件,但其中不包括短期Delta分析周期。而现在,他们会得到这本揭示Delta秘密的书,还会因此获得短期Delta分析周期的信息,因为这本书讲到了这一点。

Delta的董事仍然会独家获得我处理过的所有市场的全部解决方案,包括股票和商品。也只有他们能够独家获得所有商品和股票在所有分析周期下的全部未来Delta日期,多远的未来都行,甚至远到寿命终结的时候。时间越长,他们从这本书得到的收益越有可能弥补和超出最初的会员费。

Delta会员和董事这两个团体(保持独一无二身份),都会因为专利而受到保护。显然,读者会通过这本书的内容获利。可能有朝一日,他们也会成为学会的成员或董事。但是,会员总量永远都是受限制的。

简单地说,我给每个董事发了一份全面深入的报告,详细说明了我已经或正在对加里·麦坎采取的行动。我简略说明了我的计划——编写并出版唯一的Delta专著,这在上面的内容中做了概括介绍。我让他们提出意见和建议,并投票决定我要不要继续。

他们积极参与,我对此非常感谢。结果几乎全票通过。所以,你现在能看到这本书了。

前 言

所有事情的开始是1983年夏天的一个电话。我想那时是9月份。

我刚旅行回来,有一个未接电话是一个叫吉姆·斯罗曼(Jim Sloman)的人打来的,我从来没听说过这么个人,因此先回了更重要的电话。直到下午很晚的时候,我给吉姆·斯罗曼回了电话。我的生活从此翻开了新的一页!

在下面几页里,我先不告诉你接下来发生的事,而是加上了我1984年和1985年写的两本小册子的内容,介绍交易员如何加入Delta学会。这些手册不仅介绍了头两年的历史,而且能让你快速了解马上要读到的内容。

手册之后,我放进了《股票和商品技术分析》1986年2月那一期刊登的一篇采访,这是一本全国性杂志。采访中,我回答的问题涉及我的经历和背景以及Delta学会。

采访之后就是目录,本书就算开始了。

我以我惯用的第一人称对话形式来写这本书。我想讲讲在我处理资料过程中,事情是怎么一步步发展的,我相信这会增加学习过程中的趣味性和刺激性。

与我所有的书一样,我尽可能以最精确的方式仅仅描述相关和必要的信息。

为方便阅读,我在行文中抛弃了正确的语法用法,没有把某些特定数字用文字表示,而是用阿拉伯数字代替文字数字。

期货交易员&市场分析

这是有史以来最重要的市场发现

市场背后有完美的规律

不管是股票市场、商品市场，或其他任何自由买卖的市场，都毫无例外，这个完美的规律是所有市场的基础。

乔治·马雷夏尔（GEORGE MARECHAL）在50年前发现了这个规律

马雷夏尔1933年预测了下一个50年股市的走势。（如下所示。）乔治·马雷夏尔活了差不多90岁，但他死的时候，他的秘密也随之销声匿迹。有一个人1983年夏天在芝加哥闭门钻研，我认为他又一次发现了马雷夏尔的秘密。

这个秘密再次横空出世

所有Delta学会国际（DSI）会员现在都知道这个秘密。会员资格现在就能申请。

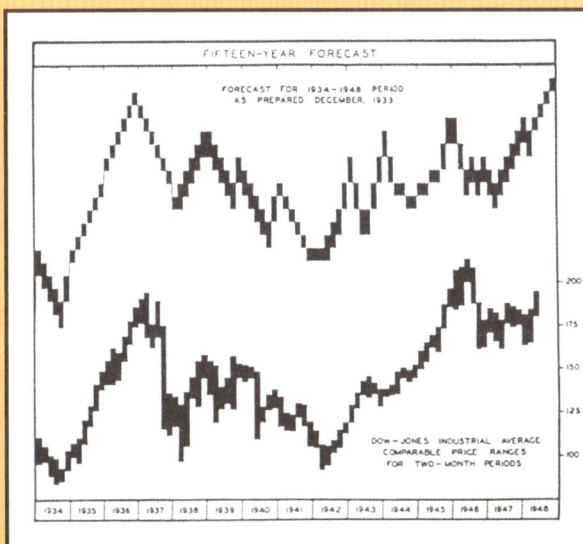

上方的价格波动线原样再现了那个50年的市场预测，乔治·马雷夏尔在1933年计算和绘制了出来，已经申请了版权保护。

下方的价格波动线是1934年到1948年真实的道琼斯工业平均指数，就是马雷夏尔预计的那50年。

"马雷夏尔用他的算术方法第一个证明了,在所谓价格波动的随机变化背后存在潜在规律。不管是大学的教授还是政府的经济学家,都没能做出类似的图表,也就没能像著名的马雷夏尔图表那样提前15年预测道琼斯工业平均指数的走势。他的图早就获得了版权。在尼克松当选总统几个月前,作者收到了他对尼克松当选日道琼斯工业平均指数走势的精准预测。他根据调节股价走向的算术规则做了很多预测,此为其一。而这位万众瞩目的人现在已经年届90岁了。"

(Alan H. Andrews,董事,《经济稳定的根基》(the Foun-dation for Economic Stabilization),马萨诸塞州波士顿市,1969年。)(增加了重点。)

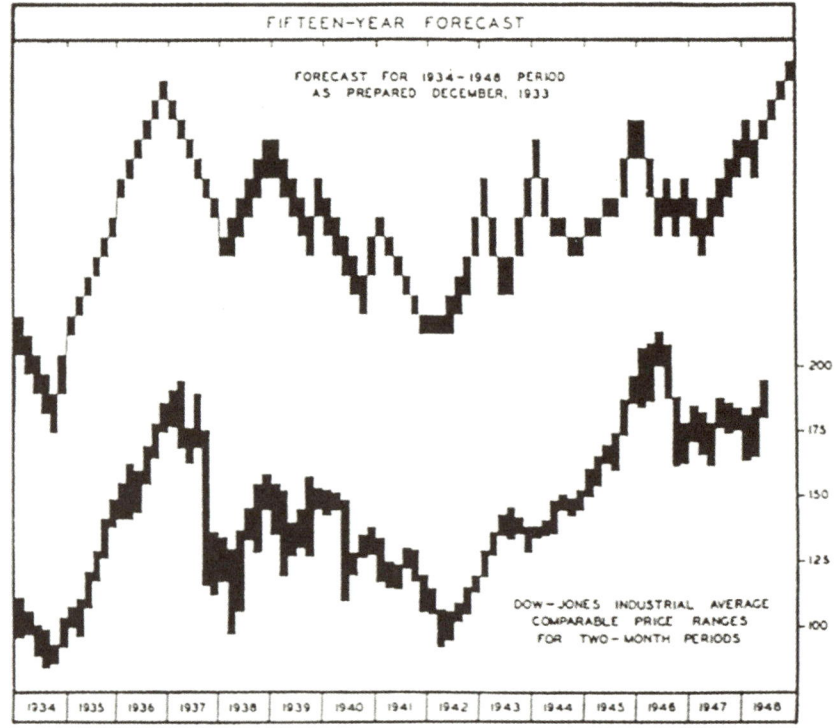

"上面的价格波动线原样重现了乔治·马雷夏尔在1933年后半年计算和绘制的预测结果,已经申请了版权保护。作者自1935年就获得了一份原件。由于把一年分成了六个部分,道琼斯工业平均指数的实际波动就取了两个月间的高点和低点,在相同基础上从下面增加。"

"预测图和市场实际图无疑遗漏了一些具体精确的时间点。即便这样,1934年一直到1947年的宏观走势图,起码相似度是显而易见的。"

(Garfield Drew—《股票市场的新获利方法》(New Methods for Profit in the Stock Market)第161页,Metcalf出版社,马萨诸塞州波士顿市,放大版本,1948年。)

威尔斯·威尔德对技术交易系统的创新性和原创性观念让他声名远扬。他的革命性著作《技术交易系统的新观念》在技术圈堪称传奇。《财富杂志》（1980年十月刊）推举威尔德先生为"当今有所著述的首要技术交易员"。《财富》接着说，"如果你们已经见识了传统系统，那就从这本书开始新的探索吧"。

威尔德的"相对强弱指数"（RSI）每天受很多大型经纪公司关注，众多图表服务商据此对每种商品绘制图表。他的"趋向运动"系统和"抛物线转向"系统已经成为全世界技术交易员的法宝、模式。今天使用的大多数计算机交易系统运用了威尔德提出的一些独创概念。

威尔德先生在技术交易系统和方法方面是一位非常活跃的交易员和顾问，写了很多相关的文章，在广播和电视节目中频频亮相。在世界范围内，交易员使用最多的可能就是威尔德先生的系统和方法。

威尔德先生在技术交易研讨会上演示他的方法和系统，足迹遍布亚洲、澳大利亚、加拿大、美国以及欧洲的首都城市。他的公司——趋势调查（Trend Research）公司位于北卡罗来纳州麦克林斯威尔（McLeansville）市，进行交易程序和计算机软件开发，同时也销售他的书。

很难相信，但这就是事实。

随便选一年，再选一种商品，比如说1994年的短期国债，我画了短期国债在1994年将出现的每个中间转折点和每个主要转折点的图。或者再精确点，选一天，任一天都行，就1988年3月22日吧。我将这个日期敲进苹果或IBM电脑里，会立即得到一份打印资料，显示上一个中间转折点、下一个中间转折点和接下来的中间转折点，可以随便选一种商品或组合。

把那个程序盘换成长期盘，我再次敲进任意一个日期，获得一份打印资料，显示所有商品或任一事先确定的商品组合的上一个长期转折点、下两个长期转折点。

* * * * *

事情到底是怎么发生的？

我是威尔斯·威尔德，我想说是我发现了这个理论，但我还没那么聪明。所有的事情得都从一个电话说起。那是1983年9月的第二个星期。对话的主要内容就是下面这样：

"威尔德先生，我是吉姆·斯罗曼。我有点市场发现，想给你看看。"

"是什么？"我说，"交易系统？"

吉姆·斯罗曼

"不是,但市场交易用得着。你要是能来芝加哥,我就给你看看。"

我说以前接到过这种电话,结果全是竹篮打水——白忙活,问他能不能就在电话里说说是什么,又怎么想要给我看。

吉姆非让我去芝加哥,说肯定值我花上一天的时间。我问了他几个交易系统本质的问题。

"它是跟随市场还是预测市场?"

"预测。"

"跟费伯纳西数列有关系吗?"

"没关系。"

"跟艾略特(Elliott)或者江恩(Gann)的作品有关吗?"

"没有。"

"那安德鲁斯(Andrews)、道(Dow)或其他人呢?"

"都没有。"

"完全是你自己的发现吗?"

"对。"

我这时候我觉得有点意思了,而下面两个问题的答案一下吸引了我。

"为什么要给我看?"

"我需要一大笔钱做下一个项目。"

"我怎么知道它有价值?"

"来芝加哥吧,我让你看看。到时候你就能知道想不想买了。"

几天后,我搭早上8点的飞机从格林斯博罗去芝加哥,吉姆在机场接我。在去他公寓的路上,我引着他说说自己的事情。

他天生聪明,高中时就崭露头角。当时他参加了给数学高级学生举办的全国考试,结果名列前茅。后来,他获得了国家优秀奖学金,去了普林斯顿大学,在高级特设班学数学和物理。

从大学开始,他就找了很多五花八门的事做,寻找谁也说不明白的成就感。他从底层做起,获得了很大成功,但总觉得缺点什么;也写过一本小说;在哥伦比亚大学学过电影导演;还做过股票经纪,干了一阵儿商品交易,最后觉得性格不合又离开了。最近他在实验把事物通过形象化表现出来。

他的公寓在密西根湖北岸,是那里唯一的一栋公寓,还附带私人海滩。房子很漂亮,低下头就能看到湖,听到海浪声。

我问他:"怎么找到这个公寓的?"

吉姆说:"我现在脑海里设想一个画面,我住着漂亮的房子,看着密西根湖。很快,一连串的偶然巧合后,我就找到了。"

我们在客厅里谈,我还计划搭5:30的飞机回格林斯博罗。

"你的发现要说多长时间?"

吉姆说:"时间不长。如果你想听的话,我先说说是怎么发现Delta的。"

"你起了这个名字,Delta?"

"没错。Delta是个希腊字,从'门'那个词演变过来,我用它指通向未知的门,也有'诊断'的意思,对市场的诊断。几个月前,我开始用新的方式研究市场,想找到所有市场都通用的某种规律。我把市场想象成全息图。威尔斯,你知道全息图吧?"

"知道,是三维投影图。"

"对。那你知道怎么做吗?"

"不知道。"

"激光穿过全息负片形成的影像——很像摄影负片形成的投影,就是全息图。但是,对着自然光看全息负片,却一团模糊,看不清楚。一旦激光穿过负片,三维全息图就出现了,一团模糊就变成了一清二楚。"

"我就是用这种方法找到市场规律的。把全息负片当成市场,一般人看到的是一团模糊。也就是说:如果我能找到正确的激光,让它穿过负片,如果真有规律存在的话,图像很快就能看清楚了。"他让我进了厨房,在餐桌边坐下。"这是前9个月标普的正规K线图,一团模糊,看不懂。现在把这张图用刚才说的投影法表现一下,你再好好看看。"

我看着那张图,上面加上了彩线和数字。5秒钟后,我豁然开朗,理解起来一点不难,非常简单。我突然有种肃然起敬的感觉,就好像我睁开眼睛,看到了闻所未闻的东西,又好像一个人花了一辈子找东西,最后却发现它就在自家的后院。吉姆突然问了一个问题,我这才惊醒。

"威尔斯,标普的下一个转折点在哪?"

"噢,是这儿。"我大声说了出来,就是图上最后一个日线后推两个礼拜的位置。为什么会在那一目了然。

"对,"吉姆说:"显然这会是个高点。那接下来的底部在哪呢?"

"就是这儿,"我回答,打心眼里觉得太神了。显而易见,我对眼前看到的感到非常激动。"我们再看看其他的图。"

接着,吉姆花了几个小时向我解释了他的发现。他用彩线和数字标记了十五种商品的K线图,一共15张,从这些图上很明显能看出来市场确实有规律可循。转折点不一定非出现在预定的那一天,但是却接近得让人咋舌,大多数情况下相差不过两三天。我知道这个规律是什么了,也知道形成原因。慢慢地我意识到,有了这个认识,我就总能知道中间转折点出现在哪,准确性非常高,而且想什么时候预测都行。

"吉姆,这15张图最近9个月的情况毫无问题,但怎么证明过去和未来也能这么准呢?"

"我敢肯定过去和将来的图也没有问题,因为形成的原因是从来都不变的。但你得自己去证明了。还有一个情况能向你证明这一点,Delta在周图和月图的长期预测上也是正确的。这是生猪1952年以来的月度,分析已经标在上面了。"

我研究了这张图,真为它的美妙叫绝。它的重要意义我可不敢等闲视之,长期Delta指明了主要方向和主要转折点,结合中间期Delta,市场情况就全面展示了。

这几个小时里我搞清楚了长期和中间期Delta。吉姆觉得该谈到此行的核心问题了。

"怎么样?威尔斯,Delta值不值我出的价?"

我知道当然值得,即使我已经知道Delta是什么了。

"吉姆,"我跟他说:"我们来说清楚点。如果我给你付清了钱,是不是就是说Delta就是我的了,我想怎么用都行?

我甚至可以说是我发现的？你也不会再告诉给别人了？"

"一点儿没错。"吉姆说："我想让你明白两件事，一是我想这个知识不会随着你的离世而消失，我希望会给你带来好处；二是你会给我应得的。不管怎么说：现在你已经知道Delta了，完全不用在乎这两件事。"

"那我将来有了什么问题能不能再找你商量？"

"可以。"吉姆回答。

我说："吉姆，成交了。"

我坐下来给吉姆写了一张支票，价值不菲呀。

把支票给了吉姆，我又问了一个问题，"你可以把Delta卖给任何人，为什么单单看中了我？"

"威尔斯，我看了一本你写的手册，我感觉你值得获得它。我只能先告诉别人Delta是什么，然后才能卖了它。但别人一旦知道了内容，还会再买吗？这就是我左右为难的地方。不知道怎么的，我就觉得即使你知道了，你也会付钱。"

"吉姆，说老实话，刚才我脑子一闪，想和你砍砍价。然后我想起来，恰好两天前我意外发现马上会收回一笔投资，金额刚好和你的要价一样，这笔投资也有好几年了。我知道如果好事情都凑到一起，就千万别投机取巧。天上掉馅饼的事情我可不信，背后总有原因的。你相信我不会赖账，我一样也相信你会保密。"

我把那些Delta图都放在包里，又坐下来想写一点Delta理论的说明，但实在不知道写什么。这个理论只要看到了就能完全明白，但一想到有人能动手发现了它，又觉得难以想象。我想也许还有一个人已经发现了这个理论。当然，这没办法证明，但是乔治·马雷夏尔肯定是发现了长期的那一部分。这就能说明他是怎么确定1933年股市转折点的。

离去机场还有点时间，我和吉姆想到酒店附近转转，吃点东西。吉姆不太好意思说自己的事，但对能够提出Delta理论的人，我还是有更多了解。然后我就知道吉姆还对人的意志感兴趣，他写了本关于生命和意志的书，叫《毫不神秘》（*Nothing*），已经出版了。

（多说一句，如果有人想了解吉姆对意志的认识，可以到Palmetto出版社找到这本书。地址是美国佛罗里达州Miami Springs市5731 N.W.37th St. 401号33166，书价9.95元，邮费和手续费2元。）

吉姆觉得人的健康在很大程度上受意志力的影响。比如说：在催眠状态下，没点火的炉子你也会觉得是热的，摸了就能烫个泡。能想象吗？人的意志力能改变他的骨头和肌肉，说不定意志也可以影响身体状况。

实际上，吉姆已经进行了多次证实。有一次，一个姑娘患癌症到了晚期，医生发现癌细胞已经分散到了全身，她只能再活两个月。幸亏她爸爸是吉姆的好朋友，就找到吉姆门上。吉姆结合形象化的手段配合她治疗，最后一点癌症的迹象都没有了，医生都大呼神奇。吉姆随即说是姑娘自己治好了自己，不是他的功劳。

最近，他租了一个礼堂，邀请了一些听众，和他们聊"感恩和信任对生命的意义"，说了有三个小时。吃饭时，我知道了吉姆的新项目，他正打算做一个故事长篇电影。一听到电影内容，我就喜欢上了。

晚上回格林斯博罗的飞机上，我脑子里不断盘算着回去之后的事，要做的事很多。每个市场都有自己的Delta特性。吉姆分析出了15个市场的中间期特性和三个市场的长期特性。我还想看看每种商品大概10年前的特性，把中间期Delta转折点做成一个表，这就需要回到更早的时间。

我得一心一意做这件事，保持完全客观，不能被打扰，我要终止所有的交易，项目做完再说。接下来的几个月，我很少去办公室，就待在家里，躲开了报价器和电话的干扰。6个月后项目基本完工，我把Delta运用到25种商品的日线图中，时间跨度超过200年，周图和月图也研究了300多年的。让人难以相信，这么长时间的准确度与我从芝加哥带来的那9个月的图一点不差。当然，吉姆是知道这个的，但我得自己证明一下。

这次深入的研究明明白白证实了Delta是所有市场走势的基础，它不是跟着市场走，而是引起市场循环的原因，但又不是一种循环现象。

研究快收尾的时候，我打电话让吉姆来格林斯博罗待上一星期看看我的成果。他来了以后，我们没日没夜地工作。他仔细看了每张图，而且给其余的市场做了长期Delta图。

在最近这6个月的调查研究里，一个念头不断从我脑子里冒出来，Delta这么重要，应该让其他人也知道。保密是保密，但Delta的结果和作用是可以告诉别人的，再说这个秘密怎么着也得传世呀。问题是怎么操作呢？我琢磨着出版Delta交易信，但一想到每周出一封，这个工作量会把我淹死，我心里就 个劲儿打鼓。

从9月起，我每天都在每日K线图上记录Delta，在每张图上标明Delta中间期转折点，用垂直条表示未来Delta转折点的位置。通常情况下，实际的转折点会比垂直条中心点的时间提前或推后两三天。

我有一天突然想到，如果我能知道某种商品Delta的历史平均转折点，我就能更准确地预测转折的日期，再进一步说：哪一天更接近实际，相差不超过两天？不超过三天呢？四天呢？怎么衡量每一转折点的准确度呢？

我手头有200张图，资料倒也充分。问题是需要设计一个计算机程序来分析和对信息进行分类。几个星期后，研究结果出来了。我现在就能说出每个转折点可能会出现在哪个时间段，也知道了哪个转折点历来准确性最高。

这个信息用了几个礼拜之后，我想到了另一个主意。有了这个新信息，就有可能设计一个计算机程序，计算出某一天某种商品转折点的可能性有多大，不管是过去哪一天，还是现在或将来哪一天。这个想法很惊人，但手头的信息足够试试。

我提出了构思并让程序员设计程序，程序员干得不错，6个星期设计完毕。我输入了当天的日期，所有商品当前转折点的信息几秒钟就出来了，而且不用知道Delta秘密也能修改程序，也就是说程序由Delta的分析结果构成，而不是Delta秘密本身。这下好了，这就是说即便有人能解开程序的目标代码，也发现不了秘密。（这里说一下，我的程序人员现在还不知道Delta秘密！）

共享Delta的麻烦现在就剩下一个了——谁会相信这个？我可以把程序卖掉或出租，但不把秘密本身作为证明，我怎么让人相信Delta能这么准确，它的准确性本身就让人无法相信。我几个礼拜思来想去，一天早上凌晨三点，办法有了——Delta学会国际（DSI）。

Delta学会国际负责保密，保证秘密永远不被泄露。学会有两种会员——会员和董事。会员先得到预测中间期Delta转折点的程序，声誉好的会员每年获得程序更新。收费包括入会的会员费和每年小额的会员维持费，这些钱用于维持学会每年的运转。会员费3500元，维护费100元，但维护费会根据通货膨胀定期调整。

除了维护软件，学会还要保证交易员最常用的两台电脑上能常年持续运转Delta程序。会员资格到2000年12月31日期满截止。到时，信誉好的会员再选择去留。

Delta学会国际（DSI）的董事就会了

解到秘密的内容，获得用几百年来的数据证实Delta的所有图表。这样就能有人相信Delta了，因为我得把秘密告诉一些人。

董事们每年碰两次面，地点不定，主要是交流一下使用Delta的看法和经验，互相受益。董事也有责任为学会服务，并保护Delta秘密不泄露。董事会员费是35,000元，每年不用交维护费，身份终身有效。

我和吉姆说了Delta学会国际这个主意，他乐坏了，DSI一下子实现了他对Delta的设想。我想让他担任DSI的第一届会长，（他现在还没同意，但我们走着瞧。）我还告诉他，他应该获得Delta的收益，这才公平。作为报偿，他愿意把他对市场的所有新看法都告诉我，算是我们的共同财产。Delta学会国际是个理想工具，完全能够保护这个有史以来市场的最重大发现。

* * * * *

Delta计算机程序怎么用？

Delta程序有两个——中间期和长期。我们先说中间期。先把磁盘放到驱动器，打开电脑，程序启动，屏幕上就显示"Delta"。下面有两个选项，一个是"日期"，另一个是"设立"。如果已经设立了投资组合，输入当天的日期就可以了，打印机就可以直接打出投资组合的Delta信息。（注意不用给程序里输入任何价格或其他信息）再接着说：既然你是第一次运行程序，就点"设立"，随即会出现25种商品的名字，每种商品旁边都有数字，你按照什么顺序选商品，电脑就会按什么顺序出结果。25种商品可以全选，也可以任意选部分。下面举个实例。

打印资料的标题显示中间期Delta以及你选的日期。先选咖啡这个商品，接着就显示商品的三个转折点。每个转折点旁边都有五个标题，标题的意思是：

日期　　就是转折点出现的日期，5月18日，肯定是工作日的某一天。（万一你输入星期六或星期日，会出现最近的一个工作日）

精确度　　是对特定转折点准确度的估计，17的意思是这个转折点现在与以前的准确度相比平均相差1.7天。显然，数字越小，精确度越高，正确性越大。

*2　　在给定转折点日2天内发生转折的可能性。

*3　　在给定转折点日3天内发生转折的可能性。

*4　　在给定转折点日4天内发生转折的可能性。

每种商品的输出结果都包括这些内容，每页显示四种商品，程序一周运行一次就足够了。

中间期转折点　　　　　　　　　　　　　　今天1984/3/23

商品	日期	精确度	*2	*3	*4
咖啡		24			
目前或上一个转折点	05/18	17	66%	93%	98%
下一个转折点	05/25	16	78%	83%	88%
紧接的转折点	06	25	43%	68%	78%

Delta转折点有多灵验？

这25种商品200多年来都符合Delta理论，中间期平均准确率浮动如下：

（1）51%的时间，实际Delta转折点在预测的两天内发生。

（2）68%的时间，实际Delta转折点在预测的三天内发生。

（3）81%的时间，实际Delta转折点在预测的四天内发生。

全部Delta中间期转折点的平均精确度（AR）是27，就是说：每个Delta转折点从指定日到实际发生日的时间平均不到3天。如果我说所有将来的中间期转折点也会保持这个准确度，你可能不信。我也是验证了200多年的日线数据和300多年周线和月线数据才心服口服了。

市场按照Delta运行，所以才有了这个准确度。Delta理论是市场运行的潜在原因。看看流动性市场的运行你就能完全明白了，而且横向市场也不偏离Delta转折点。Delta是市场运行的核心。

只要盯着好好看，就能看出Delta转折点的准确性。转折点再推迟，也肯定能出现。这种观察的效果就是大大提高了抓住转折点的机会。当然，上面的数据没办法说明这个好处。

还有一种观察也能提高准确预测Delta的能力。如果一个转折点要提前出现，这在很多情况下也能明显看出来。比如市场现在要走到一个高位转折点，看起来市场要按预计的时间到达这一点，但每天向上的走势都有一点吃力，冲劲一天天越来越小，这就表明市场乏力了，转折点可能会提前，一有下跌迹象，就要准备好抛售。

市场交易中怎么用Delta？

Delta虽然不是通常说的"交易系统"，但却是每个交易员的法宝，不管你是不是图表交易员，Delta都是你做决定的依据。现在就来看看这三类交易员怎么在交易时使用Delta。

图表交易员

交易时最常用的是图表分析。图表分析交易员会先在周线图上突出长期Delta转折点（我用黄色表示）。长期Delta的打印资料包括了100%范围的所有日期、转折的平均日期以及标准方差日。100%范围的意思是某一转折点曾经实际发生的最大时间范围。平均的意思是这些时间范围的平均值。标准方差日的意思是以前的转折点最集中发生的2/3时间范围。（我用虚线把平均转折点连起来，这样就能反映运动的方向，这可不是价格的水平）下面的德国马克图就是我建立的长期Delta图。

我本来想在这儿说说长期国债图，但很多交易员都很重视国债，觉得它是个基础指标，能指示其他市场，我就把它放到Delta会员里再讲。可能就是我第一本手册里的这些内容，给了读者一点有价值的东西。但注意，德国马克图只是给出了未来长期转折点，不是未来的价格走向。

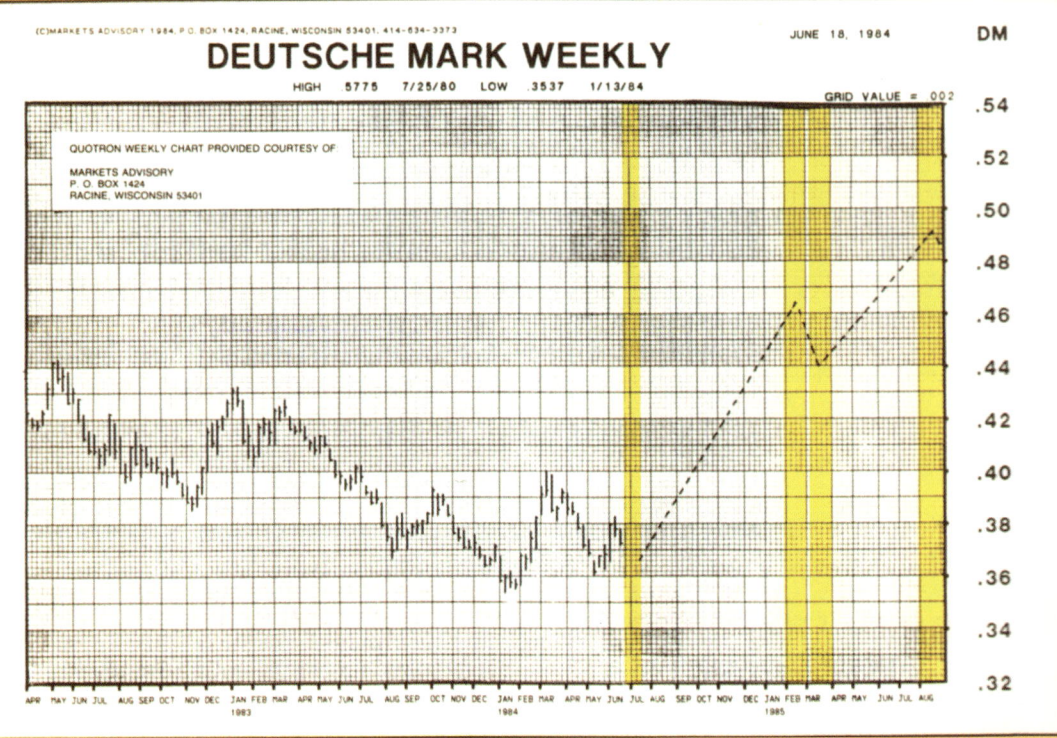

　　Delta能称得上是图表交易员的决胜武器，这其中是原因。第一，长期Delta提供了目前主要趋势和趋势维持的时间，光这点信息就能给图表交易员带来滚滚财源了，这还没算上中间期Delta显示的中间期走向和转折点。

　　中间期交易员能根据长期Delta的走向决定做哪些交易，以前用过又觉得不错的图表交易工具现在也可以用。Delta没法告诉交易员什么时候开始交易，只能告诉他将来转折点最有可能在哪，并能用一定的概率和准确性说明。交易员得用自己的入市技巧开盘。

　　一些交易员可能会用到图表入市信号，比如"第一次收盘价低于最高价那一天的低点"或"第一个下跌日"，等等，一些人还会用到向下反转或RSI的主浪失败形态信号，一些交易员还或多或少等着转折的确定信息，还有人继续用他们用熟了的入市信号。

　　我在做日线图时方法有一点点不一样，我还会突出显示未来的转折点。看看7月份的咖啡图（下一页），每一个预计的转折点我都打了点，来表示打印资料显示的日期，Delta的打印资料并没有说明转折点是高点还是低点。只要把Delta转折点反映到每日K线图上，马上就能看出来Delta转折点是高是低，这样，每个转折点都能从低到高循环运动。仅有的例外情况就是一年里有一两次连续的Delta预测（插入的点跳过不记）。在长期转折点上，每10年或15年会出现一两次。如果不知道Delta秘密，也就只能接受这种情况。但我认为这也不是什么大问题。

系统交易员和Delta

　　系统交易员可以用长期Delta和中间期Delta选择做哪些系统交易。如果Delta显示市场处于长期上行趋势，他就采取长期系统交易，反过来说一样，而且他还会取消不符合中间期Delta转折点的交易。

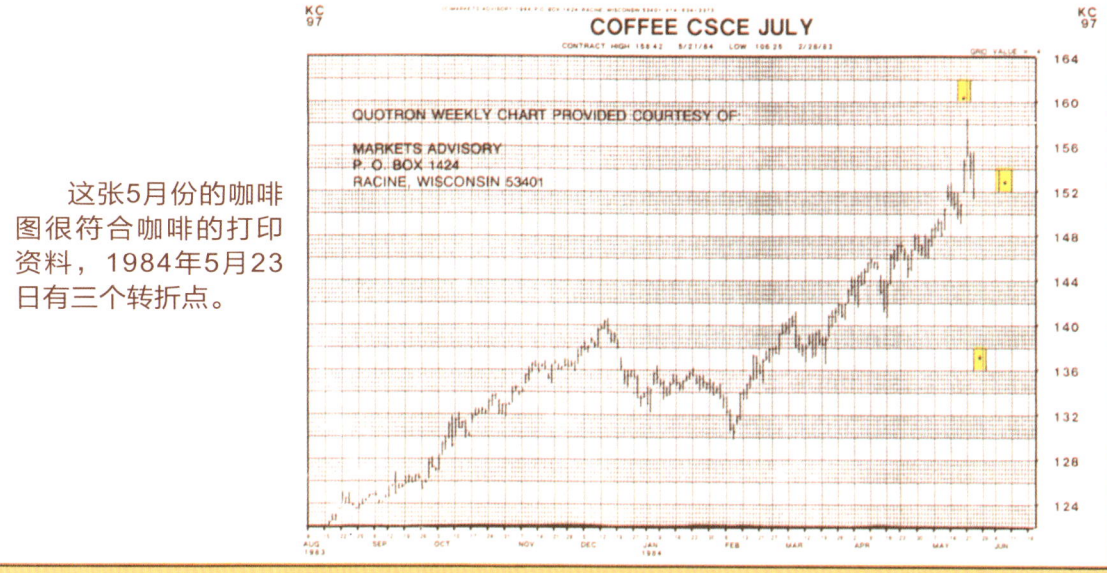

这张5月份的咖啡图很符合咖啡的打印资料，1984年5月23日有三个转折点。

基本面交易员

基本面交易员也能用到Delta。基本面信息没办法解决确切的时机问题，而基本面交易员会用长期Delta在精确的时间建仓。

Delta不是明天的《华尔街日报》

Delta可不保证用了它就能赚钱。据说什么都听《华尔街日报》也有可能赔钱，这我不确定，不过我相信，一周只看两天《华尔街日报》，倒是有可能。在商品市场上赚钱可不是三个手指捏田螺，这儿没有十拿九稳的事。如果你有了Delta，我建议你自己制作月线图或周线图，再做日线图，记得用黄色做标记，好好跟着市场练上几个月，别急着实际操作。这样下来，你就能客观地使用Delta了，就会见识到Delta货真价实的奥妙了。你如果按我说的做，就会发现Delta会增加你的信心，让你用全新的角度看市场，我就是这样过来的。实际上，市场在你面前已经全然一新。

中间期

中间期交易员能从Delta学到两样东西，一个当然是未来转折点的位置，另一个就是市场的强弱，这也与Delta转折点有关。也就是说，如果在少数情况下，市场没有按照预先确定的Delta点运行，这本身就说明了当前市场的强弱。

每个市场都想完全按照Delta说的那样运行，但有时暂时的力量会强一些，市场会有点偏离。理解到这一点就要好好利用。比如说，市场现在处于强势，有时这一次的转折点会推迟了，那下一个转折点就会早一点。如果在每日K线图上画好了Delta转折点，看着市场随着这些点运行，感觉好像真的存在着隐藏的力量，牵引着市场不发生偏离。

长期

长期交易员会用到中间期Delta来确定长期走势最可能开始的时间、根据估计的市场反应增加长期仓位。在跟踪Delta

转折点时，我的经验是，如果市场有可能按照预测的方位运转，并的确在预计的时间发生转折，我对于定位的信心就增强了。这让我重新认识了市场，不用Delta跟踪市场的人是根本不会有这个认识的。

我能想起来有很多次，我在晚上更新了图表，会看到市场好像毫无方向感地接近高位转折点，我就想，市场几天后肯定会向上达到那个转折点，有时我甚至写下来给Bob或Frank看。结果不出所料！我真希望你也能体会到这个发现的强大和美妙。

Delta能应付哪些市场？

既然说Delta是所有市场运行的基础，那就没有它不显灵的市场。每个市场都有它的Delta"个性"，一旦认清了个性，这就是个常数，永远不会变。如果你搞懂了Delta，市场的个性也就能一眼看穿。我和吉姆摸清了下面25种市场的个性。

大豆¹	橙汁	牛	长期国债
棉花	咖啡	白糖	短期国库券
玉米	木材	棉花	瑞士法郎
小麦	黄金	可可	日元
猪肚	银	标普	英镑
猪	铜	民用燃料油	加拿大元
			德国马克

"包括大豆油和大豆粉"

民用燃料油历史较短，它的长期Delta个性还不太确定（但是也有眉目了）。标普的历史不够长，没法做中间期或长期。但是我们发现它与道琼斯工业平均指数完全匹配。我们已经建立了道琼斯30种工业指数1962年至今的图表，我们又把图表做到1924年。你猜怎么着？完全匹配，当然，也都符合马雷夏尔做的15年预测。后来，我们做了100多年内的现金、小麦和玉米的图，答案还是一样的，完全匹配！

Delta服务能提供多长时间？

这个问题我还真不太清楚。我想初期阶段先接收这么多会员，等一切安顿下来，再看看对市场有什么市场影响。Delta不提供入市信号，我想Delta交易工具不会影响市场。我首先不想让我自己的交易受影响。只要这个没问题，我们能获得"公平"利益，我们就会持续提供服务。"公平"利益对我们来说很重要。老实说，这个交易绝对物有所值，我敢说，这种交易你也许是第一次碰到，也许就是最后一次了。别人都知道我不是出手阔绰的人，还有人觉得我小气。但我在芝加哥看到吉姆给我的那些9个月图表时，我真心实意想掏那么一大笔钱，而那个时候，我还不清楚那个理论能不能经得起长期的考验。这起码说明点问题吧。

我的确有权在任何时候终止DSI的会员申请，也有权将来再接收会员的时候提高费用。拒绝接收常规会员或董事，也由我说了算，我也不用告诉你为什么这么做。

世界照样转

利用Delta的交易员会亲眼看到它能带来的无限好处，我也能预计可能在不久的将来，通过大幅度提高会员费进行限制，定量接受Delta的会员。我建议，如果谁交易量大或是想做交易，还是尽快申请吧。这封邮件一发出就会吸引很多人来申请，人数可能会大于我刚开始能接受的量，这样的话，有人就得排队等了。

Delta（DSI）学会国际会员资格

DSI向会员提供Delta计算机软件包，软件包能在苹果11、苹果11+或苹果11e以及IBM-PC 或IBM-XT（IBM个人电脑）上运行，连上磁盘驱动器和打印机就行了。软件包附带保护工具，只能在安装的计算机上运行。

会员费和软件包的费用总计3,500元，软件包里有长期和中间期Delta，另外每年还有100元的维护费，这会根据通货膨胀调整。会员资格到2000年期满。把这16年平均一下，Delta信息每年的费用差不多就是一个好的图表服务商的费用——每年319元。

董事成员的费用是35,000元，董事成员会了解Delta秘密的内容，有责任保护Delta秘密不泄露。详细内容分别列在成员申请表和信任协议里。

Delta不是什么

我已经说了半天Delta是什么，现在来说说Delta不是什么。它不依靠支撑线、阻力线或密集成交区，不依靠趋势线、扇形线、程度线或几何三角，不依靠简单或复杂的趋势标志、动量研究、移动平均数或摇摆指数，也不依赖Fibonacci数列、黄金分割或平均值，不依赖循环、Fourier或光谱分析，不依赖供需分析或购销力，与江恩或艾略特或任何一个"古典大师"的著作都毫无关系。实际上，我想说的很简单，Delta不依赖任何商品世界现有的一切东西。

那我还在这儿说什么呢？用大白话说，Delta是一个革命性的发现，揭示了所有市场隐含的本质，称得上是通向全新世界的一扇门，是给所有市场开的药方。你看，它根本不依赖上面说的任何东西，而是开辟了另一条路。所以我说那些院士们永远也做不了这样的发现，他们只知道开动那些计算机，用越来越复杂的方法证明什么循环呀、随机呀或随便什么东西，即使他们的计算机再一分不停地干个几百年也白搭。因为最新的分析说明，市场根本不那么干，那不是它们的潜在本性。那我到底想说什么呢？毫不夸张地说，Delta是有史以来最重要的市场发现。

最后的话

我的熟人都知道，我多年以来对期货市场都很感兴趣。我见过了很多很多当代的系统和方法，有一些的确不错，我自己也做过一些改进；熟人都知道我为人正直公平；我从市场中获得乐趣，喜欢它们带来的挑战，我时不时在交易中也有发现，自己觉得不错，挺有用；了解我的人知道我不说空话废话。

但我真不知道在这儿该说什么，毕竟现在轮到我来解释这个发现，而我以前还从没干过这样的事。它与其他理论不是有一点不同，而是有天壤之别。我在这本册子里对这个发现的说明，没有隐藏它一点点独特性和完整性，一点折都没打。

自从我第一次接触到Delta到现在，我再也没有用以前的方法看过市场，我想告诉你的就是这种全新的视角。

我来引用吉姆·斯罗曼的话作为手册的结尾。离开格林斯博罗前，他做完了最后一张长期Delta表，抬起头说："威尔斯，这就是给未来设计的地图。谁拿到了它，谁就挖到了无尽的宝藏。"

真诚的，

威尔斯·威尔德

入会申请表

Delta学会国际有两种会员身份——会员和董事,下面介绍每种身份的大概情况,资格申请表和信任协议有详细内容,信任协议有必要的话才签。

会员

Delta学会国际第一批会员的入会费是3,500元,身份有效期到2000年,到时需要重新申请。会员一入会就会收到中间期和长期Delta软件包,在苹果机和IMB机上都能运行。软件包能生成25种商品的中间期和长期Delta转折点,只要输入日期就可以了(可不是输入价格),一个礼拜运行一次就够了。

会员每年交100元的维护费,具体数额根据通货膨胀调整。这笔费用用于软件每年的更新,同时维护软件包能在交易员用得最多的两台计算机上运行,一直到2000年。

董事

董事会员的入会费是35,000元,身份终身有效。他们会在北卡罗莱纳州格林斯博罗 待两天,由专人教他们学习Delta秘密,还会得到证明Delta中间期数据的200年的日线图和证明Delta长期数据的300多年的周线图和月线图。软件包和更新是免费的,董事也不用交维护费。

董事半年开一次会,地点不定。会议的目的是开展学会的业务,与其他会员交流使用Delta的心得。董事最重要的责任是保护Delta 秘密不被泄露。

申请董事要交1000元押金。(可退回)

☐ 我郑重申请,有意成为Delta学会国际的会员。附上100元的支票用于会员费用。回信请附送申请表和信任协议。即使我的申请被拒绝或我不想参加,100元也可以立即退回。

☐ 我郑重申请成为Delta学会国际的董事,附上1000元的支票作为资格费。回信请附送申请表和信任协议。我知道,即使我的申请被拒绝或我不想参加了,1000元也可以立即退回。

我想申请☐ 苹果 或 ☐IBM软件包。

押金可由信用卡支付。电话:(336)698-0500.

支票寄至:威尔斯·威尔德,北科罗拉多州麦克林斯威尔市128号信箱TREND RESEARCH,LTD.,27301

姓名_____

地址_____

州_____城市_____邮编_____

(请书写清晰)

Delta学会国际董事会成员

斯坦利·克罗（Stanley Kroll）是我们这个时代备受推崇的商品交易员和运营商，在金融领域获得的交易成就很受关注，在很多著名的金融刊物里都有介绍。约翰·特雷恩（John Train）写的《金钱的主人》（Money Masters）（Harper & Row出版社1980年出版）里，克罗位列当代9位最伟大的组合投资人之一。

克罗先生也写了大量的文章和两本很叫好的书，介绍商品交易、策略和资金管理，其中之一就是他和埃尔文·辛思科（Irwin Shisko）合写的《商品期货市场指南》（The Commodity Futures Market Guide）（Harper & Row出版社1973年出版）。他还是《金融世界》（Financial World）杂志的半月期商品专栏作家，现在正在写有关1980年代商品投资策略的书（编辑注，即1984年出版的《克罗谈期货交易策略》Kroll on Futures Trading Strategy）。

我看了用Delta全息法画出的500多年的图和电脑对Delta理论的制图分析，分析内容长达50页。这本手册出版前我就曾仔细研究，根据我对Delta的分析，我相信里面的事实和预测都是正确的。

我看过威尔斯以前写的书，我感觉他的调查和分析态度认真严肃，能看出他的分析工程学背景。他用Delta方法确定交易时间的分析，是我在华尔街见到的最深入的调查和文档记录研究，的确是干得不错。

我想，如果参考威尔斯的方法，正确使用Delta成果，作出独特和确定的文件，交易员就能在市场上获得别人无法获得的、确定的利益，无论他是做投机还是做对冲。能成为Delta学会国际董事会的董事是我的荣幸。

乔·加利亚诺（Joe Gagliano）曾是空军的战斗机飞行员，并且参加了航天员计划，后来到20世纪70年代初期，他创立了Comm基础联盟（Comm Basic Associates），成为开发技术交易软件的先锋之一。加利亚诺先生在开发COMPUTRAC之前，组建了一个精选交易软件包，可以供全球几百个交易员使用。

Comm基础联盟在俄亥俄州代顿市，服务于团体用户，继续开发现代化软件，现在的系统能帮农民和生产商在期货市场推销产品。

加利亚诺先生也在世界各地的无数交易论坛上做讲座，演示他的软件包。

我看了这本手册后，威尔斯让我加入董事会。打眼儿一看，我觉得它没办法让人相信，几分钟后，我立即就知道每个市场从现在到年初时的走势了。

我想，这本手册没有全面介绍长期Delta，这是我用得最多的。我最喜欢金融、货币，他们是最准确的，主要的转折点与实际相差不过两三天。需要说明一下，长期Delta信息交易员每星期要看一次周K线图，才有信心做交易。

我以前见过的软件还没有哪一个能同时解决交易定时和方向两个基础问题，长期Delta提供了转折点和走势的方向和期限，就好像给交易准备好了作战计划，提供了要走的方向以及需要用的时间。

雷·弗雷谢特（Ray Frechette）对股票和商品周期理论的分析和应用世界闻名。他从技术分析员做起，与吉姆·薛斯（Jim Hurst）这位大神共事，就是他写了《薛斯通道》（The profit Magic of Stock Transaction Timing）。后来弗雷谢特买了薛斯的公司，建立了周期科学公司（Cycle Sciences Corporation），多少年来他一直出版技术信函，强调市场定时的周期方法。

弗雷谢特先生参加了国内外100多场研讨会，介绍他的技术交易方法和周期分析。作为市场分析员，他对技术交易领域的贡献很受大家尊敬。

威尔斯向我展示Delta理论时，我马上就能看出来为什么有时候周期起了作用，而有时候周期却不那么管用。Delta是市场运动的基础，这一点没有一点问题。

我研究了几百张图和经电脑处理的数据，认为长期方面的作用被低估了。如果仅用长期Delta作依据，就能避免大多数亏本交易，能把本来不错的自动交易利润再提高一倍。

我还是觉得很难相信，吉姆·薛斯和我以及其他很多人曾那么费心费力寻找的就是这个——这么简单，隐藏得这么好，以前都没法发现。

注意事项

如果你还没有苹果或IMB计算机，但又想加入Delta学会国际获得Delta信息，请联系这个办公室，我们会尽力做其他的安排。

趋势调查公司（TREND RESEARCH，LTD.）

麦克林斯威尔广场
北卡罗莱纳州麦克林斯威尔市27301

电话 （919）698-0500
电传 574-479 TRENDRESLD

Delta 学会国际
趋势调查公司（TREND RESEARCH，LTD.）

北卡罗莱纳州麦克林斯威尔市

一年后

Delta100%正确！

【我只有86%的正确性】

请先看附送的一年前写的第一本Delta手册，然后再看这本手册。

你刚看的Delta手册（可能你想起来去年看过）是1984年春写的，这本手册是1985年春写的，晚了一年。看了第一本Delta手册，你显然想知道一个问题的答案。

德国马克是怎么回事？"它的运行和我原先的预测完全相反。"

我简要回答一下。太难为情，这次大错特错了，但你会觉得我的回答很好笑。我还是先从1984年7月2号说起。

我刚收到7月份的《财富》杂志，正在读《半年展望》（*Midyear Outlook*）。这篇文章是对一群金融学家的采访，让他们估计一下1984年后半年的情况。我边看边说："哦，他对这个市场的意见是对的，对那个市场的意见是错的，等等。"听起来这些专家都为自己的意见给出很好的证据，但事实上错误的比正确的多。

比如说，股票市场当时处于明显的下行位，大多数分析师都认为下行将继续到1984年年底。我拿出了最近50年的道琼斯工业平均指数Delta长期图，再次确认了我的看法，股票市场下半年根本不可能再下行。事实上，市场不仅马上会见底上行，而且很可能会在1985年1月冲高创新。我又核对了标普中间期Delta图，认为下一个Delta低点明天就能形成，紧接着的中间期Delta低点7月24号就能形成。

【低点的确在1984年7月25号出现了。】

一些专家还普遍认为利率后半年会提高。我核对了Delta长期图，长期国债底部发生在1984年6月27日，底部发生时间的标准方差范围是1984年6月20日到1984年7月4日。因为长期国债期货和利率是反方向运行的，如果长期国债年底前提高的话，利率根本不可能同时提高。我又看了9月份的国债图，下行趋势很强，就在今天（1984年7月2日）创了新低，9月份合约为59.12。我想："如果今天不是长期底部，那根据我的图，底部也会很快出现。因为下一个中间期Delta低点三个交易日内就会出现。"

【低点出现在1984年7月2日！】

到这个时候，我已经跟踪Delta理论10个月了，有点习惯于看着市场真的按照Delta预计得那样运动。但我还是坐在这儿读这些人做的市场预测，想起来有点好笑的。他们比我更了解金融市场，但我的确有很大很大的把握知道市场怎么运行，而他们却不知道。

我要么是个疯子，要么就是聪明绝顶，才能画出这样的图，得到这样的信息，知道市场会怎么走。好吧，我既不疯，也不是太聪明，实际上还有点笨，只相信眼见为实，也不管它能不能完全说得通。

我问自己："问什么不把我的看法再告诉《财富》杂志？"所以我给《财富杂志》的编辑Darrell Jobman写了下面的信。

趋势调查公司（Trend Research, Ltd.）

Darrell Jobman先生
财富杂志
219 Parkade

亲爱的Darrell：
　　7月份《财富杂志》上的《半年展望》(*Midyear Outlook*) 写得很有意思，看起来专家们根据基本面对金融市场下半年的走势分析有完全相反的意见，两种声音还势均力敌。
　　抛开基本面，我只从技术的角度来谈谈我根据图表，对现在到1985年初这些市场走向的看法。今天是1984年7月2日。
　　长期国债——现在在底部，12月前上行。
　　德国马克——夏季中期都在底部，后半年上行。
　　英镑——11月前下行，然后上行。
　　日元——现处于底部，9月份之前上行，然后下行到12月。
　　加元——夏季中期处于底部，后半年上行。
　　木材——7月处于底部，后半年上行。
　　股市——现处于底部，1月前上行，可能创新高。
　　这个分析结果暗示利率会稍有降低，美元会走弱，股市从现在到年底会走强。等着看好戏吧。

8月份的《财富杂志》竟然提都没提我的信，很让我吃惊。我打电话给Darrell，问他看到我的信没。他说看到了，但没来得及在8月刊登，他会在9月份把重点内容刊登在Pit Stops上。还说我的预测已经有一个月了，他会把发信的日期公布出来。

1984年9月份的《财富杂志》登了我的预测，在第90页。

→

橙色阴影部分表示1984年7月2日到1984年年底。

Pit Stops

接上

tance levels.因此，可能还在做一些更正。

Schwager认为芝加哥商品交易所（CEM）12月份短期国债合约会在88.75获得支撑，在88时支撑更强，但在89.60左右和90.20会遇到阻力。

12月份的欧元市场会比短期国债下跌得更快，抛售欧元而买进国债会获得不错的价差。Schwager认为12月的CEM合约会在88.00和88.50间遇到阻力。

存单会在87.40和86.50分别获得支撑，在88.60到89.40之间遇到阻力。

芝加哥交易所12月的长期国债会在62附近获得支撑，在60获得的支撑更大，但在68到70之间会遇到上行阻力。

汇市方面，美国经济减速和低利率可能在7月底到8月初刺激货币市场上扬。

威尔斯·威尔德抛开基本面仅从技术角度进行分析，他还估计加元和德国马克会在夏季中期形成底部，英镑在11月份前下行，之后上行；日元在9月前上行，而后一直下行到12月。

他还在7月2日估计长期国债、木材和股市会在7月见底，然后在后半年上行，股市还有可能创新高。

威尔德说："这个分析结果暗示着利率会稍有降低，美元会走弱，股市从现在（7月2日）到年底会走强。"

能源见底

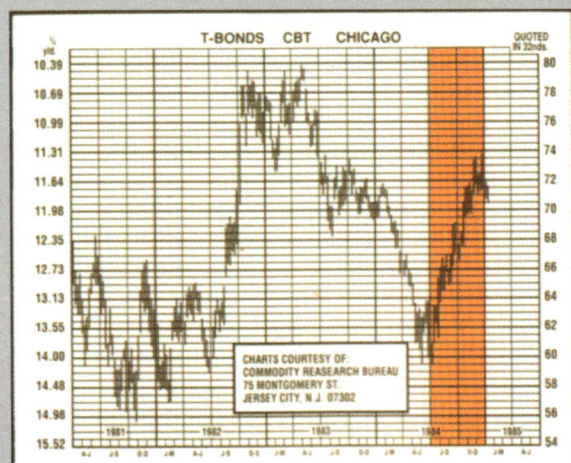

长期国债——现在位于底部，12月前会走强。

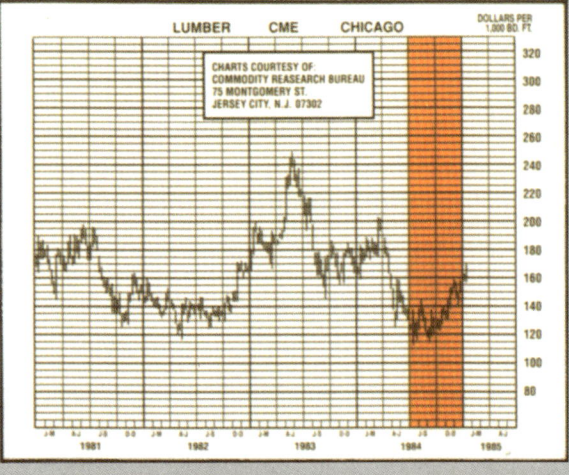

木材——7月见底，1984年后半年上行。

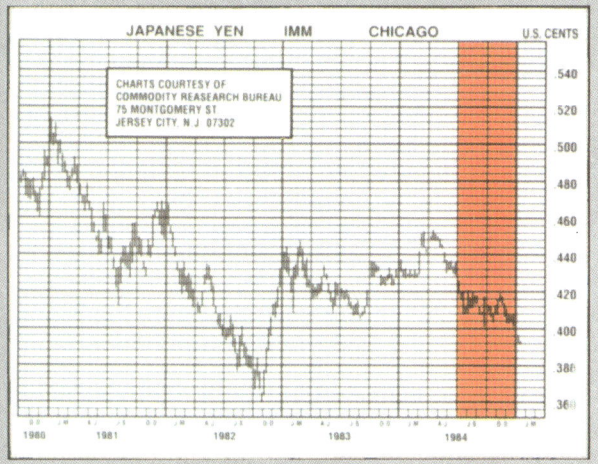

日元——现处在底部,9月前上行,然后下行到12月份。

既然Delta转折点必须得循环,高/低,高/低,而且经常是以不断下行的方式,高点看起来就好像是整理运动。Delta成员软件包里有一本50页的手册,里面全面解释了这个问题。

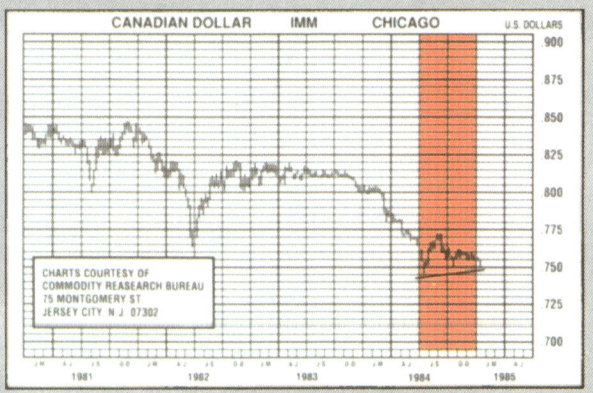

加元——夏季中期见底,后半年走强。

夏季中期出现了预料的重要底部点,随后底部逐渐提高,这就肯定了上行趋势。下行趋势确定后会有停顿,这就是个例子。如果市场很弱,它经常还会使着劲儿向上爬,到达下一个Delta顶部才会暴跌。(这在手册里也说到了。这一点可以用来大赚一笔。运行到下一个Delta顶部的这个整理运动正好说明了市场没多少劲儿,即将暴跌)

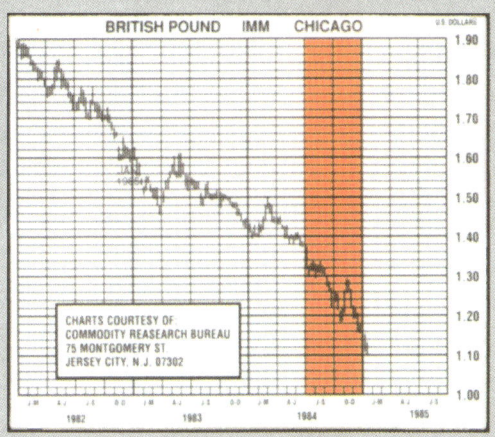

英镑——11月前下行,之后走强。

英镑一直走弱,然后在11月上行,跟预计的一模一样。但我没有说"上行到某某时候",因为在长期Delta中,市场大约每10年会上演一场"倒转"或"插入点",这时市场就反着来,Delta理论仍然有效,但预测的顶部会变成底部,而底部会变成顶部。我知道英镑在11月份后隐藏着一个倒转区(当然所有的会员和董事也都知道),所以我没有说"上行"的期限。事实上,英镑的确在11月下旬发生了倒转。以后会有更多倒转出现。

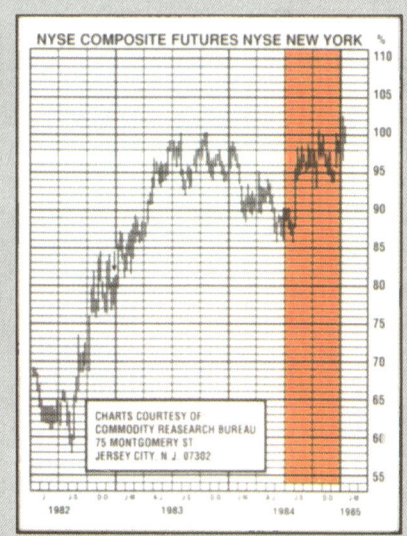

股市——现在位于底部,会上行到1月,可能创新高。

我不记得哪个分析员认可了1984年7月的这个预计。我还能说什么呢?

我做了7个预测，显然有6个预测准了。德国马克确实大错特错。Delta研究了25种商品，你猜我在第一本Delta手册里举了哪个例子？没错，就是马克。

但实际上，马克的确是按照预计运行的。你又猜对了，马克出现了插入点，在1984年夏发生了倒转。现在预测的顶部成了底部，底部成了顶部。我们马上来分析一下这张图，看看到底怎么回事。

（我会说说倒转运行的实际技术以及为什么会在特定时间发生。董事们都了解Delta的内部运行和发现，所以自己很清楚这些。但是会员们都是看了DSI发出的定期支持信函，才知道潜在的倒转，发给他们的那本50页的手册也详细讨论了什么是倒转。）

在第一本Delta手册里，我原打算用长期国债代替马克来举例子，长期国债在几年之内不会发生倒转，而马克有时会发生倒转。那为什么我偏偏从这么多市场中选了马克举例呢？因为在1984年春我确定马克不会发生倒转，如果那样的话，马克就会再走弱9个月。我想这简直就不可能，就完全忽视了这个可能性。这次我栽了大跟头，难受了大半年。

7个市场我猜中了6个，但这还不够。手册里还有一个大家都知道的市场——马克。我赔上了我的名声，甚至让人质疑我说的"有史以来最重要的市场发现"，都因为马克走势图出了丑。

一些同行开始在他们的交易和短讯上开我的玩笑。我觉得下面这个很有艺术性（我是随时都会欣赏艺术的人）：

"靠水晶球讨饭碗的人必须咬得动玻璃，这得讨教一下威尔斯·威尔德的牙医了。"

我知道马克的Delta现象会在某个时候回归，大家都会知道到底怎么回事，我敢打包票。大家对这个问题穷追不舍，我在电话里回答了很多次。

"我至今跟踪了25种市场的长期和中间期Delta，我当然见过一些转折点提前或推后，但这种模式还从没发生过例外。"

我也肯定这不会是第一次，但我有自己的认识，不断坚持这个观点，我也越来越坚信它。听起来像大多数交易员时不时遇到的问题吧？我早就在市场上吸取了教训，但这次又在另一个地方犯了同样的错。

1985年2月下旬，吉姆·斯罗曼到格林斯博罗来了，就是他发现了Delta。你能想到我最想讨论的就是马克。到办公室没5分钟，我就拿出了长期马克图给他看，几秒钟后他说，"威尔斯，马克去年夏天出现了倒转。"

什么？不可能！怎么会……？但是不能否认，的确是这样。我固执己见，忽视了马克在那个期间潜在的倒转。可以说，我从丧气变成了得意。（吉姆一定要让我在这说他也觉得很沮丧，他在秋初看到这张图的时候就应该确定会发生倒转。）

在马克图上（如上），低点B就是倒转点，高点C是第二个连续高点。循环已经开始了，现在C点就是夏天中期的Delta点，只不过不是低点而是高点，出现在第一个期限的三周之内。预测中的高点C现在成了低点，E当时是低点，但情况马上就要发生变化。

怎么回事呢？Delta预计的马克转折点完全跟其他24个市场一样准确。事实更难让人相信，这些转折点实际上在1983年夏天就预测到了，当时吉姆·斯罗曼刚发现Delta。现在你知道为什么我要送这本手册了，我要在手册里证明给大家看看，Delta还是像我以前说的那样完全是革命性的，是有史以来最重要的市场发现。

* * * * *

去年那本手册里，我没有包含Delta以前的转折点信息。那些图说明不了什么，它们完全有可能根据事后的情况画出来。

上面的标普图不是假设的。第一批Delta会员1984年7月就拿到了这些中间期Delta转折点，都是1984年7月后在图上添加的。看着这张标普图，你问问自己，世上还有谁能在1983年夏天预测到这些转折点，当时也是第一次预测转折点。

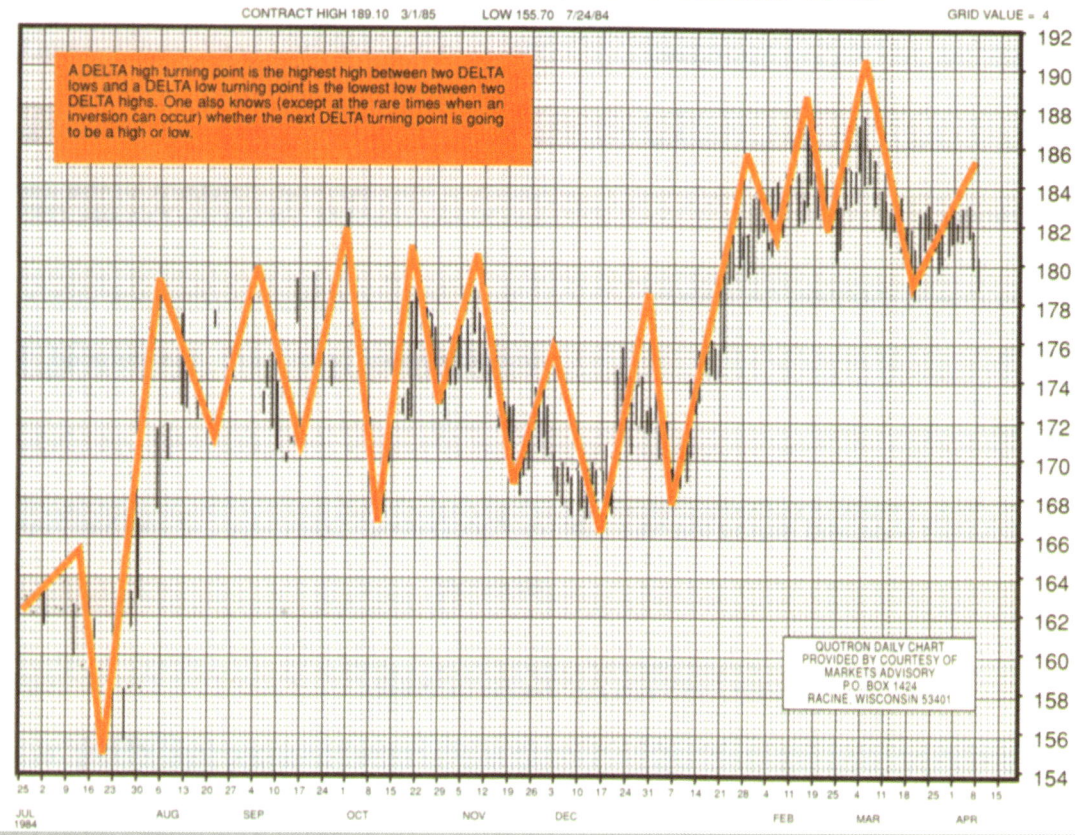

注意一下，并不是所有的转折点都丝毫不差地与实际重合，可能有早有晚，这本身就是市场的重要信息，靠这个就能大捞一把，手册里讲得比较深入。但也要注意，市场差不多在下一个转折点就马上回到正轨。

为什么呢？因为Delta并不依赖什么胡思乱想、直觉或哪种数据分析，推动Delta的力量比市场本身的力量要大得多，它依赖的原则是市场从来不知道的，科学本身也不知道。老实说，Delta原则可能会用来推测天气变化方式、战争发展方式、病历和其他许多事情。我们现在只是把它运用在预测商品市场，但Delta的一些董事正积极研究Delta在其他领域的应用。

几百位Delta会员以及其他很多人都会看到这本手册。他们会看到去年自己图上的这些转折点，也能够很容易地返回去检查这本手册里所有图里的每一个转折点。相信我，很多人会这么做。我给大家在这本手册里说的内容，与Delta会员从1984年7月以来了解的内容没有一点不同。

我可以保证，手册里的每个预测和转折点都是事先提供的。

花点时间研究一下上边的标普500图。我觉得任何一个有点常识的人看了这张图，知道所有这些转折点（从高到低交替出现）是在1984年7月前确定并提供的，还认为这一点也不神奇是不可能的。这张图的精确度和过去这么多年维持的精确度完全一样，你回去翻翻就知道了。

再想想，没有Delta提供的信息，一个人提前一年知道如下内容的几率是多少：

[1] 多少个转折点；

[2] 在上面图上的哪个点及时操作；

[3] 轮换操作；

[4] 从最高的高点到最低的低点；

[5] 永远维持上面的准确率；

[6] 在任何自由交易的市场都这样操作。

我问了一个数学家这个问题，他回答说："和猴子敲键盘写出歌剧的概率差不多。"

我能给你看一打儿图，都是1984年7月以后的，质量不差于标普的那张，甚至更好，但我还不想把一本手册变成大部头的书。下面我只说这张图的一个问题。这只是一般的Delta图，100%能代表我给你看的任何一张图。为什么选这张呢？就是因为牛和猪肚市场出了名的变化多。但你看看，Delta毫不费力地解决了。

所以说，做预测很简单，很多人都能做。但你见过什么人或什么系统做的预测有这么详细、这么精确、这么可靠、这么正确吗？

你见过多少人能一年年地在牛和猪肚上赚钱？如果你提前一年或更早知道这些转折点，你能吗？

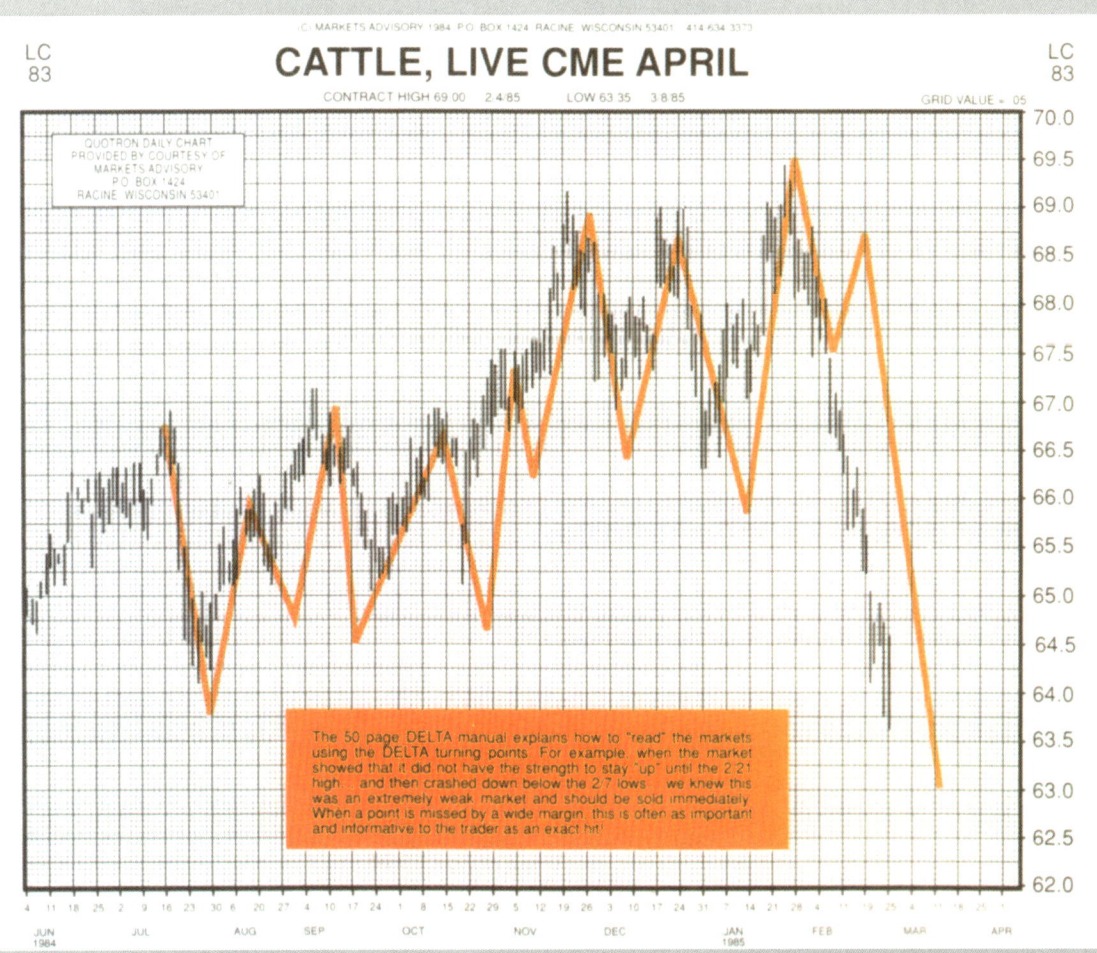

23

《股票和商品》（Stocks&Commodities）

威尔斯·威尔德
《采访Delta提倡人》第10页

《优化RSI》
《利用时间节奏周期》
威尔德

《圣诞节故事》
纪念Andrews教授

《共同基金》
充分利用多样性

威尔德回来了

技术市场分析里货真价实的原创发现并不多见。但是，威尔斯·威尔德公布了一整套系统，重塑了当代的商品交易和分析。

威尔德的方法在1978年首次面世，出版在他的书《技术交易系统的新概念》（ New Concepts in Technical Trading Systems ）里。这本书是今天技术交易员的"红宝书"，其中许多工具，像相对强弱指数，都被认为是很经典的。

他1983年遇到吉姆·斯罗曼之后，生活就揭开了新的一页。他认为吉姆非常有天赋。斯罗曼当过一阵儿股票经纪人和商品交易员，这就是他的职业生涯。随后他把对市场规律的重大发现告诉了威尔德，并起了个名字叫Delta，这是个希腊字，有"门"的意思。威尔德和斯罗曼合作在计算机上操作Delta，接着成立了Delta学会国际，与别人分享这个秘密，并保证秘密永远不被泄露。

威尔德最近在他的书《股票和商品》（ Stocks & Commodities ）里说了说他的事业、发现和Delta。这本书由他的公司趋势调查公司（ Trends Research, Ltd ）出版，公司在北卡莱罗纳州的麦克林斯威尔市。

如果谁能开发出你1978年提出的商品系统，那他在市场里肯定摸爬滚打了很长时间。你做交易和技术分析多长时间了？

实际上，市场分析是我的第三份工作。我是机械工程师出身，在这一行干了六七年。期间我开始第二份工作，是房地产和土地开发。我和两个合伙人盖了1000多套公寓。几年后到70年代初，项目合伙人要买我的股份，报价太诱人，所以我退休了。打从这起我想干什么就能干什么。到现在大约13年时间里，我把全部时间都花在市场调查和交易上，现在还在做。

你在哪个州做土地开发的？一直住在麦克林斯威尔吗？

房地产遍及北卡莱罗纳和弗吉尼亚。我买了一架飞机，学会驾驶后就总是从一个工程飞到另一个工程。从1937年到那个时候我都住在格林斯博罗。1970年我在麦克林斯威尔买了块地，距离格林斯博罗东部有8英里，算是郊区。10年前我们在那儿安了家，3年前在麦克林斯威尔广场盖了自己的办公楼。

"我不能连着5个小时边打电话边做交易。"

是什么事或什么人激发了你对交易的兴趣？

70年代初期我想买白银，所以尽量找最优的操作方法。我从这里了解了期货市场，而且立即着了迷，想尽一切办法学习能学到的一切东西。

你现在还特别关注某些市场吗？

不，关注的市场不太确定，我对所有市场都有兴趣。

是什么让你偏向技术交易的？

我有点偏爱算术，总想着要设计一个自动交易方法，一个数学模型，你只要按一下按钮就能赚钱了。

我那时就知道，想在市场赚钱不能太指望技术系统。技术系统确实有用，但能不能真赚到钱很大程度上得靠其他东西。你可以把它叫市场悟性或资金管理。当然资金管理听起来有点枯燥，很多人都不想这么说，更愿意大说特说交易系统。

但我发现交易中最重要的是一直做正确的事，不管你是赚是赔，这就是市场悟性，或者说资金管理。实际上，我还想说，是否在市场上赚钱在于是否正确使用了资金管理，挣了多少钱由进入和退出市场的时间决定。

交易员应该掌握多少资金管理规则？

我记得江恩有28条法则，其他人还有不同的数量，我的合伙人吉姆·斯罗曼减少到了10个。但有些基础规则是每个人都知道的，只有实际操作了才能真正掌握。

他们已经成了你的第二天性，你自然而然就用了，想都不用想。比如说，切记使用止损和相对来说窄幅的止损，千万别越跌越买摊低成本；别总惦记这抄底逃顶；千万别把小赔变成大赔；永远不要在前进的火车前面慢吞吞地散步，所以别挡在像火车一样开动的市场前面。

交易员比较爱犯哪些错？

通过观察发现，大多数交易员不自觉做的事都是错的，所以大多数交易员都在赔钱。我自己也有很多次犯过所有的错。最常犯的错误有两类。第一，除非你有点肯定市场会按照你交易的方向运动，要不然绝对绝对别入市；第二，绝对绝对别把合理损失变成大窟窿。交易员犯得最大的错误就是亏了钱还抱着不放，心存侥幸。只要你一抱有期望，就说明你持有的时间太长了。

大家一般都希望抄底逃顶或快速运行的市场前面慢慢溜达，一个最大的错误就是不灵活。交易员必须愿意知错就改；必须能时不时站在一边，离开市场；也必须认真问一下自己为什么在这儿，为什么交易，真的是为了赚钱，还是有别的原因？一些人希望获得兴奋感，还有一些人竟然不自觉地想赔钱，但自己还根本不知道。

你能推荐一些资金管理的参考书吗？你什么时候研究资金管理培训工具？

这个问题我没想过，脑子里一下能想到的只有W.D.江恩的书——《如何从商品交易中获利》（*How to Make Profits in Commodities*），你等一下，我告诉你在第几页，哦，第43页。

吉姆·斯罗曼让我真正认识到我们谈话的重要性。我们确信，在市场上赚钱的真正基础是资金管理。你可以把最好的工具交给这世上随便什么人，但是如果他们不知道资金管理，用了这些工具也不会赚钱。

你见过飞镖靶盘吧？在上面写上商品的名字，你随便扔飞镖，它就会告诉你买可可还是卖猪肚或其他东西。我们绝对相信，如果依照资金管理做了所有正确的事，即使是根据扔飞镖买卖也能赚钱。

基本上说，这就是合理止损，确定止损的位置，不用跑赢市场就能尽快实现收支平衡，然后合理停顿，再做交易。我们相信这种方法会实现盈利，虽然我们不知道盈利多少，但我们肯定，只要你确定了做什么交易，同时正确使用资金管理，钱就源源不断进了你家门。我们会把这个做成模型再看看，但我们确信会有效果。

你1978年出了一本书，在很多方面对技术分析进行了革新，这本书是怎么写成的？

这本书介绍了7种独特的系统交易方法，数学性和技巧性都很强。但里面的相对强弱指数技术性不强，是个看图工具。

出版书以前，我花了五六年的时间来研究。其实，我那段时间开发了数不清的系统，书里面只介绍了7种，我最喜欢这几个并且决定留下用。其他的都扔进了废纸筐。

是不是一个发现会自然而然带着你作出另一个发现？

大多数情况下，我都是凌晨3点醒过来，想到一个新点子，等不及要写下来试一试。

那时候计算机还没有现在这样的普及程度，我在那种叫可编程计算器上编程，还要用上数学。手工输入价格的同时还要画图，从头做到尾，看着程序在纸上运行，这花费的时间可不短，但这样做能更深入地了解到底是怎么回事。

是你自己天生好奇，还是你的工程学背景帮你开发了这些系统？

我想两个都有帮助。我知道我的目的是找到能轻松赚钱的完美系统。

你今天觉得你开发的哪个工具哪个系统最有用？

我一直喜欢"趋向运动"和"抛物线转向"系统，还喜欢"摆动指数"方法。可能把这三个综合运用就能获得最好的效果。

你会不会建议刚开始进行技术分析的人先研究"古典大师"，像艾略特或威科夫（WYCKOFF），然后再学习你的系统，还是他们可以跳过去直接使用你的技巧？

艾略特或威科夫当然都值得研究，大家应该学习的也可能只有这两本著作。但是他们的方法非常深，需要好好理解，不能拿起来就用。而我书里面讲的那些系统，完全可以头一天晚上看，了解一下怎么运行，第二天就可以操作了。

"大多数情况下，我都是凌晨3点醒来，想到一个新点子，等不及要写下来……"

你的书出版以来，系统就不断改进，你是不是认为有些改进特别有用，而另一些就不值得花时间了？

我不这么想。有些系统改进一下，能在某段时间的某些市场带来更好的效果。我知道几年前有一些研究想泛泛改一下参数，然后更好地全面适用。结果电脑累死累活对历史数据分析完之后，才发现书里的参数本来就是适用所有市场的通用的参数。

你1983年知道了DELTA，你怎么第一次跟别人介绍？

Delta是完全不同的东西，不管你信不信，所有的市场都根据Delta运行，而不是其他什么原则。这个说法有点吓人，但是如果（Delta学会国际的潜在的）董事来了，我会用这句话开头，还告诉他"你今天走之前一定会同意这个观点"。结果真是这样。

Delta提供了未来几个不同时期的市场转折点。Delta有两个基本的时间期限——中间期和长期，会员都知道这些期限。但Delta还有其他的期限如特殊的短期期限以及中间期和长期之间的中期期限。

基本上Delta提供的点都是将来市场将要上行和下行的转折点，不是随便什么点。Delta转折点是两个Delta底部之间最高的高点或两个Delta顶部之间最低的低点。知道了这个定义就明白我们谈的是重大转折点，而不是任意的转折点。

我们说的这些转折点都是可以确定的，如果我们知道了这个点可能是高点或低点（偶尔发生的倒转除外），我们就能知道市场运动的方向，知道市场能向上或向下运动多长时间。

DELTA能告诉你运动的强度吗？

它没办法告诉你运动每一秒的强度，但有时候能提供一点线索。

你在DELTA的书里说，这个发现依靠的理论是任何科学里没有提到的，市场更没有提到，DELTA真有这么大范围里的重要意义吗？

的确有！完全有！绝对有！我现在每天还觉得很惊奇，这种感觉还会持续。我在作图的时候，在最高价—最低价—收盘价图上写下每天交易量的时候，就觉得惊奇。我用红点在图上标示Delta的转折日，我知道这是中间期，这个期间有两个礼拜的上行，三个礼拜的下行。我就看着市场沿着这些点上上下下。你一旦知道了Delta，就绝对不会按照以前的方法判断市场了。

你认为市场有自己的生命还是觉得它就是严格的机械运动？

市场差不多表现出了人性，实际上它们确实有人性。只要你愿意，你就知道市场想干什么，觉得它自己赶着自己往前走，虽然有时候没完全按照预计运行，但是Delta转折点教给你看市场的方法，你知道了这些点，就知道了市场还会怎么运行。这是读懂市场的全部准则，不知道Delta点，是不会用这种方法的。

看起来有了DELTA，准确率就有了保证，你一直这么正确吗？

没有人能永远正确，可我还没见过这种基础模式出现例外，Delta点只是时早时晚。但这也能通过市场力量的强弱来估计，所以你总得止损。但是有了Delta信息，交易成果就完全不同了。

有没有配合DELTA使用的其他工具或系统？

我唯一用到的就是K线图，没用过其他任何的技术方法，那会搞乱我的脑子，Delta很简单，加上其他东西只会搅乱问题。

你现在还特别关注某些市场吗？

我每天都用Delta跟踪25个市场，在任何时点我都敢说75%的市场都是按照我的期望运行。其余25%的市场要么可能发生倒转，要么是没有任何潜力的调整。

虽然能有至少75%符合预期，我还是不会在18或19个市场上交易。我下一个选择的标准是，这些市场是不是及时处于潜在的有利点上？比如说，这些市场是不是接近了长期转折点？我还要注意有多少市场真正运动了。毕竟，市场动了你才能赚钱。

这样我每次筛选四五个市场进行交易，这些市场最具有潜力，能按照我的预计运行。

DELTA是不是比那些技术系统更让你有信心，或是带来更大的利润？

哦，比都不用比。用Delta之前，我实际上根本没对任何系统有十足和长久的信心，没什么系统让我放心到我自己不用再做调查和研究，一门心思做交易就行了。别人觉得我好像总能找到改进系统的办法、创造一个伟大的新概念，然后停下交易开始测试新系统。

从我看到Delta那一刻起，我还没对其他事情有这么大的兴趣，Delta有这么多可研究的地方，那Delta之外的东西呢？算了吧。说起Delta的研究，顺便提一下，在那次伦敦的Delta董事会议（33位董事有28位参加）上，吉姆介绍了Delta一个新的时间期限——中期Delta，位于中间期和长期之间。他说明了8个到10个主要市场的每年转折点。这个新的时间期限将在1月份向会员提供。

如果大家都用DELTA，有没有扭曲市场行为的危险？

这个问题问过很多次，答案是不会，原因有两个。第一，市场是根据Delta运行的，而不是反过来；因此Delta是基础，这是什么也改变不了的。

比如，我们的一位董事对标普和道琼斯工业平均指数很着迷，他追回到了20年代和30年代，手工抄写了道指的每日最高价、最低价、收盘价，然后他把这些数据做了一些处理，可以应用Delta，进而就发现了Delta的个性。

他根本就没注意我和吉姆对70年代和80年代数据的处理，只严格按照他的数据处理，最后他用Delta解决了这个市场，用的方法跟我和吉姆用的一样。等他走完所有的程序，在电脑上运行后，出现的Delta转折点跟现在的一样，即使那个时候发生了大萧条和其他的事。所以说什么也影响不了市场的基础。

另一个原因是Delta不是系统，不提供入市和退出的时间，因此每个使用者必须自己决定。Delta只是信息，你可以按照你的方式用这个信息进行交易。

董事们做了什么保证来保守秘密？或者董事们采取了哪些措施来保护DELTA信息？怎么样来阻止会员把转折点告诉给同事？

完全回答这些问题的话，不是三言两语能说清楚的。我在接收董事时会非常非常小心。我只在对一个人完全信任的情况下才接受他为董事，我判断的方法跟Delta一样深奥。

至于会员，只要承诺遵守协议就可以了，他们每年收到一次Delta信息。如果我认为一个会员泄露了交给他的信息，就会被取消资格，不能申辩，也就是说，他的会员资格会被终止，会员费不退回。Delta会员有几百位，没人知道谁是谁不是，这个行业向来是好事不出门，坏事传千里，所以每个违反承诺的人都有危险。很遗憾，已经有一些会员被开除了。

DELTA学会国际的董事都是技术分析员吗？

大多数人是市场的爱好者，这些人都做了功课，就是说，看了书、研究了市场，还想学习和发现一些市场的东西，他们都是很专注的人。现在我们有34位董事，650位会员，据我所知，所有的会员都用Delta做交易。实际上，我只能想起来去年我碰到过一两个会员对这个不是十分感冒，但对比650个人，这能说明很多问题。还得说说去年的事，很有意义。有10位会员使用了Delta，一年左右后就想当董事。

做市场交易的这么多人，吉姆·斯罗曼有什么吸引了你？为什么你们俩这么合得来？

我也问了吉姆几次那个问题。他最后说，他凌晨3点就坐起来想这些事情，突然想到要给我打电话。他也不是十分清楚，但一切顺利。那时候他发现Delta才大约一个月。

吉姆·斯罗曼听起来就不是一般人。

他跟人很不一样，好像从另一个星球来的，但他可能是这个世界上最聪明的家伙，思维方式很不一般。他用的技巧爱因斯坦也曾用过。吉姆提出一个问题，然后就盯着问题看一会儿。吉姆这次的问题是"市场有规律吗"？他好几次提到，思考过程最关键、最难的部分是，完全清除掉脑子里现有的所有相关认识，从一张白纸开始。

意思就是说，他可以做任何设想，不受任何预先的想法的阻碍。他提出了这个问题，设想了一些可能性，然后就进行下意识思考。我们都知道，下意识有时比有意识更有效。一段时间后，答案就冒出来了。

Delta第一部分内容几个礼拜内就出来了，第二部分内容也在几个礼拜后完成。答案一下子就有了。要想发现Delta，绝对有必要清空脑袋。

他这种能力是天生的还是他自己后来开发的？

可能两个都有。但我估计，吉姆在很大程度上是自学成才的。

吉姆为什么想把DELTA告诉你？

我说过了，吉姆不是普通人，在很多方面都不是。他喜欢发现东西，并且告诉给别人，但他不喜欢把一件事做到底，最后这一点与我相反。吉姆1983年秋来到格林斯博罗，再次检查了我的Delta成果，我们决定合伙研究Delta和吉姆将来可能的其他发现。

DELTA学会国际未来会怎么样？

我们计划1986年第一季度的什么时候就不在接收Delta会员了。我们就差选一个截止日了。人数慢慢会减少，到时候可能再重新吸收新会员，但这可不像结婚广告，想登就登，我们会有一个备选名单。这么做有几个原因，其中一个是我需要有时间做市场交易，如果不截止，就永远不会有时间。

再版获得《股票和商品的技术分析》（*Technical Analysis of Stocks & Commodities*）杂志的同意。技术分析公司（Technical Analysis, Inc.）版权所有1986年。华盛顿州西雅图市Alaska西南大街98126-2730 (206) 938-0570。

去年最常见问题的回答如下：

问题：会员收到Delta软件包时，还会收到什么文件？

答：除了包含Delta转折点的两张磁盘外，还有一本50页的手册，完整指导你怎么给磁盘备份，怎么运行程序来获得中间期和长期DElTA打印资料，手册还提供电脑生成的每种市场的百分比和准确度分析。

另外，手册还解释了怎么根据Delta转折点来"看"市场，什么时候转折点会提前，等等，包含我从一开始学到的所有内容。

手册还强调一定要等市场确认了转折点后，再进入市场，这一点很重要。手册包含了三个最简单但也最有指示作用的转折点确认信息，是我多年的开发成果。这些信息在你的图上就能看到，适用于中间期和长期Delta。

问题：资金管理的指导原则也会告诉会员吗？

答：是的。手册里有吉姆·斯罗曼写的"十大交易原则"以及写给所有会员和董事的信，信里解释了这些原则。但这10个原则（会员们这么叫）没有说什么时候进入或退出市场，而是告诉你怎么降低损失、怎么做正确的事、怎么避免发生倾家荡产的致命错误。大多数会员都觉得这十大原则是无价之宝。

这牵扯到另一个要点，我和吉姆都认为这很重要，就是说不仅要给Delta会员提供最好的交易信息，而且要提供最好的交易心态和程序。为了达到这个目的，我们会以不同的方式提供后续支持。

问题：如果没有计算机，第一本Delta手册里背面提到的"其他安排"是指什么？

答：在第一年我们会提供一个打印文件包，完全就是软件包生成的第二年的资料，包括所有的Delta转折日期，中间期的和长期的等。

完整的打印资料会一次性发出，包括未来12个月的信息。如果你打算买计算机，我们会给你提供合适的软件包。第一年的打印资料不用另外付费，这样，没有计算机的人先不用另外花钱买计算机，在第一年用Delta攒点钱。

问题：如果计算机不是苹果II或IBM，Delta软件包还能用吗？

答：能，我们估计会在一年内让Delta软件能用到市面上90%的个人计算机上。

问题：如果Delta会员有问题，能给威尔斯·威尔德打电话吗？

答：当然可以，我随叫随到。刚开始我是每天接到6个电话，但现在我一个礼拜都接不了6个电话。我想这说明会员很快会完全独立使用Delta。但你打个电话就能找到我，而且我还定期给会员写信更新信息。

问题：计划提高Delta学会国际的会员费吗？

答：是的，提高很多，而且很快。我希望会员能认识到Delta价值的人，并且从中获益。但我还是会限制会员人数，最公平的方法就是提高价格，我觉得目前的数量已经到了我能承受的极限。我已经决定将董事会员费从35,000元提高到100,000元，时间不迟于1985年9月1日，也可能提前。

问题：你对Delta去年的改变有什么看法？

答：是的。这次的变化比以前的更让我吃惊和震撼。很难告诉你应用Delta时的感觉，就好像你要去一个地图上未知的领域，但信心还是有的，因为你知道你会走到哪去，有点像你用全新的方法去看事情，旧观念全都要抛弃。

但是我觉得我说的话还是有点个人色彩，或是你们认为带着个人色彩。所以我打算在这本手册的末尾让会员和董事自己说。记住，这是真人秀，他们的确在用Delta。

Delta会员回馈信息

我给会员写了一封信，让他们告诉我对Delta的看法。90%的会员回了信，98%的回信都是肯定的，评价从"非常满意"到"难以置信"。以下就是收到的评价。原件我们保存在麦克林斯威尔的办公室，任何人都可以去查证。

亲爱的威尔德先生，我想感谢您和吉姆·斯罗曼能把Delta告诉我。您一点都没有吹嘘Delta。能够提前预知市场运动让我有了交易信心，在这一点上，Delta比什么都强。您、吉姆和Delta迟早会比江恩或艾略特或其他任何人更大牌。

★★★★★

Delta理论是真的。我作为Delta会员，获得了这些能生钱的神奇财产——Delta转折点。

★★★★★

我永远不会忘记头一天晚上打开图，把它们跟长期Delta比较，我好想一下子找到了拼图上丢失的那一大块，这个图现在完整了。

我越来越相信Delta理论，只要头脑灵活，就掌握了最重要的市场交易标准。

★★★★★

有了Delta和10大交易原则，我就好像从没失手过。唯一的失败是我想要超低或逃高的时候，但那怪我。我喜欢用Delta这种放松的方式做交易。

★★★★★

……也没什么神奇的，Delta现在只是一个核心工具，其他的工具也在配合着用。它只是提供了一个完全不同的角度。

我非常感谢DSI一直以来给我的支持……

★★★★★

Delta完全改变了我对技术分析的看法，我再也不会用以前的方式看过市场了。

★★★★★

好得让人吃惊！

★★★★★

用Delta做交易就好像系上了安全带。

★★★★★

我非常高兴能拥有Delta程序，现在看那些点真的很容易。

★★★★★

Delta发现非常重要，很荣幸成为Delta学会的一员。

★★★★★

我跟踪Delta高点和低点时，总是越来越兴奋，我已经用这个系统赚了不少钱了。

★★★★★

非常满意……威尔斯·威尔德不仅是个正直的人，他还一直在你身边提供后续的支持……

★★★★★

我严格地跟踪Delta，及时寻找合适的转折。如果"两点之间"出现了变化，转折就肯定能发生。即使不看这种特性，Delta也是我用过的最值得信赖的系统市场运行方式。我的客户都想知道我的秘诀。

给市场定时的能力太神了。更重要的是，我觉得Delta的更大作用是让我认识自己，并确定目的。我觉得它不仅仅是赚钱的工具，应该有更大的价值。

★★★★★

从来没什么能比Delta更准确预测未来市场的走向。不管背后有什么原理，这的确让人震惊。使用Delta，我能对市场有深入看法和感觉，还从来没有什么有这样的作用。

★★★★★

Delta改变了我看市场的方法。我的第一个目标是赚够钱，争取赶快当董事。

★★★★★

我非常喜欢这个发现，我想当董事。

> STEPHEN
> ATLANTA, GEORGIA
>
> November 7, 1984
>
> Mr. J Welles Wilder
> Trend Research Inc
> Trend Research Bldg.
> McLeansville, N.C. 27301
>
> Dear Welles:
> I have traded commodities for my own account for the past 10 years. During this period I have investigated, researched, and used a wide variety of "trading systems" both fundamental and technical in nature. Therefore, I feel qualified to make the following remarks.
> In all of my years of trading commodities I have never, ever seen or used anything as remarkable as Delta. When used in conjunction with the 10 trading rules, which absolutely must be followed, Delta is simply the most fantastic trading tool I have ever encountered. No superlatives can adequately describe Delta. I am amazed beyond description with every day that passes. And without embarrassing you I feel deeply indebted to you for offering Delta to the public. If there is anything I can ever do to return the favor please let me know.
> In the meantime I send my warmest personal regards to you and your staff and wish you continued success in your endeavors.
> Sincerely,
> Gene

1984年12月20日
威尔斯·威尔德先生
北卡罗莱纳州麦克林斯威尔市Trend Research大楼Delta学会国际27301
　　Gary1994年12月14日来到Gibsonville，交了35,000元成了DSI的董事，并知道了Delta秘密。我们主动拿出这封信，它的内容与这本手册里其他部分的内容一样。

亲爱的威尔斯：
　　谢谢您上周五的热情款待以及你给我的启发。跟我现在知道的内容相比，我觉得您收费过低。您知道我不是跟您提意见，但我确实觉得我在这笔买卖中占了便宜。能够加入学会的确是对我的特别待遇。
　　附上我答应送你的书。希望你和我一样喜欢它——《巴比伦富翁》（the Richest Man in Babylon）。

祝好！

Gary

后记

第一届Delta董事大会4月份在格林斯博罗召开，董事们从美国、加拿大和欧洲搭飞机过来。我更新了所有市场的内容，吉姆做主要发言，演示了他的最新发现——短期Delta。是的，爱信不信，吉姆发现了这个市场背后的神奇规律，根据短期进行的市场分析与中间期和长期一样普遍适用和准确。

很多董事们展示了他们对其他市场做的中间期和长期Delta方案，其他董事说明了使用Delta的不同方式。差不多每个董事都介绍了使用Delta的效果。

这个精选团队的每个成员都是技术分析师，在知道Delta秘密前，每个人都做了很多年的市场调查。每个董事都能按自己的角度提供大量的意见和实践，继续完善和丰富吉姆的伟大发现。

有时有人问我，为什么要把Delta告诉别人。这里的确有钱的问题，我觉得免费提供不合适。但更重要的是，人一辈子很少很少能见到Delta这样的东西，也许一辈子就一次。我觉得我不能自己藏着掖着，虽然我也曾这么想过。

所以折中的办法就是让有限的人知道，而且要根据价格和我的承受程度决定。这些人应该能认识它的价值，愿意从这个革命性的发现里获利。实际上，看到这些使用者的反馈和正在做的新研究，我得说，我有了很大的满足感。限制人数的确发挥了作用。

真诚的祝福，

威尔斯·威尔德

作者的个人请求

看这本书前请读下面的内容。

大多数人拿到新书的第一件事是看目录,然后再迅速翻一下书了解大概内容。

读《Delta理论》时请别这么干。

我写这本书的目的是想吸引你了解发现市场潜在规律的过程。你会感到神奇,体验那种"打心眼里发出的感叹",我第一次看到Delta就是这个感觉。希望你能从头一直读到尾。

看到每个新的Delta时间期限时,花点时间好好想想隐含的意思。这样的话,我想你能从读书中获得乐趣,你也同样能知道你所要读的内容有多么重要。

会很有趣的……

目 录

序 言 ………………1
前 言 ………………4
第一章　DELTA理论或所有市场中隐藏的秩序……………2
第二章　揭秘时刻………………24
第三章　中期Delta………………39
　　　　转折点的分类……………41
第四章　板 块………………60
第五章　中期Delta………………69
第六章　长期Delta………………80
第七章　超长期Delta………………110
第八章　短期Delta………………123
第九章　利用Delta转折点做交易………………143
　　　　长期策略……………148
　　　　止损……………151
第十章　Delta解决方案………………154
　　　　最后的话……………156

三角洲理论

第一章
DELTA理论或所有市场中隐藏的秩序

你即将看的内容会让你目眩神迷，几千年来这个秘密一直不为人知。我敢肯定并相信，看完这本书，你也会说这是前所未有的发现。

这么浅显的秘密，怎么说也很难相信能在寻觅者的眼前东躲西藏了几百年，但还是有人着手研究并最终发现了它。

（我写第一本Delta手册的时候，认为乔治·马雷夏尔发现了其中一个Delta分析周期，但在接触过一些马雷夏尔的同事后，我就肯定他根本不知道Delta。他显然是经过一系列非常复杂的数学计算才做出那个著名预测的，而且明显只奏效了那一次！）

无心插柳的重大发现不说是占了大多数，也有不少。也就是说本来是冲着一个特定结果去的，但却发生了莫名其妙的事，种豆却得了瓜。话虽然这么说，Delta理论最值得称道的就是它的发现过程。有个家伙在芝加哥一个人单干，1983年的时候提了这么一个问题："市场有没有规律？"然后他用了一种奇思妙想找到了答案。这个答案是Delta理论就是市场运动的根儿。

Delta理论是技术分析领域最最基础的内容。技术分析研究市场在X轴和Y轴构成的二维图上如何运行，输入数据是价格和交易量（在期货市场中用的是开仓量）。但是技术分析

三角洲理论

主要研究市场运动。

预测市场运动各种不同方法的长篇大论已经汗牛充栋，无非是用利用某个时间的价格和交易量。不少人认为市场运动根本没办法预测。我想这本书能让争辩永久消停，市场如果有规律就肯定能预测。

Delta理论发现的规律是所有市场随时间运动的基础，是所有技术分析的基础，是市场最最基本的内容，是立足点。技术分析的其他所有方法在市场存在完美规律的事实面前都毫无招架之力。你会明白，Delta规律是无懈可击的，市场一直会遵循它规定的原则。我已经用很多不同市场几百年的数据证实了Delta理论，没错过一次。

但是完美的规律不是说Delta高点和低点都能丝毫不差，不是的，但的确离估计的日期很近，很明显能看出来市场按照Delta的预测运动。一旦知道了这个规律，市场看起来就再也不一样了。

我给人概100人讲了差不多100次Delta理论（一对一地讲）。这些人（都是从申请人里精心挑选的）付了我35,000元，也几乎都说过"现在让我看看值不值"。我还不知道有人觉得失望了，大多数反倒觉得物超所值。

我现在也同样来教给你。我想你已经看过序言里面说的两本Delta手册了，那我就从我刚了解到Delta规律时开始说，然后按照我学习的程序教给你。

三角洲理论

下面几页图出自吉姆·斯罗曼1983年秋天在芝加哥给我看的最初那15张图。你马上要体会到我在手册里说的感觉:"五秒钟后,我豁然开朗,理解起来一点不难,非常简单。我突然有种肃然起敬的感觉……"

三角洲理论

现在揭秘……

下面是吉姆原来画的黄金图，你马上会注意到两点：一是图上画满了垂直彩线，间距差不多相等，而且四种颜色依次重复，我们把这四条线的排列称为"格子"，这些线（"格子"）可以随便排到过去或未来的任何时候。

二是市场的顶部和底部按照从1到11的顺序重复编号。

现在随便选个数字，比如选1，哪些线可以确定它的位置呢？在橘黄色线稍后的位置。

再选11，刚好在橘黄色线上。

再选2，在绿线稍后。图上最后一个数字是1，接下来的2大概会在哪天出现呢？

现在知道我在那5秒钟看到的内容了吧！2会在10月31号前后出现！想想这有什么意义，我们刚刚对未来做了预测。

点3会在哪？……绿线和红线之间。
点4会在哪？……红线稍前。
点5会在哪？……红线稍后。
点6会在哪？……红线和蓝线之间。
点7会在哪？……蓝线稍前。
点8会在哪？……蓝线稍后。
点9会在哪？……蓝线和橘黄线之间。
点10会在哪？……橘黄线稍前。
点11会在哪？……橘黄色线上。

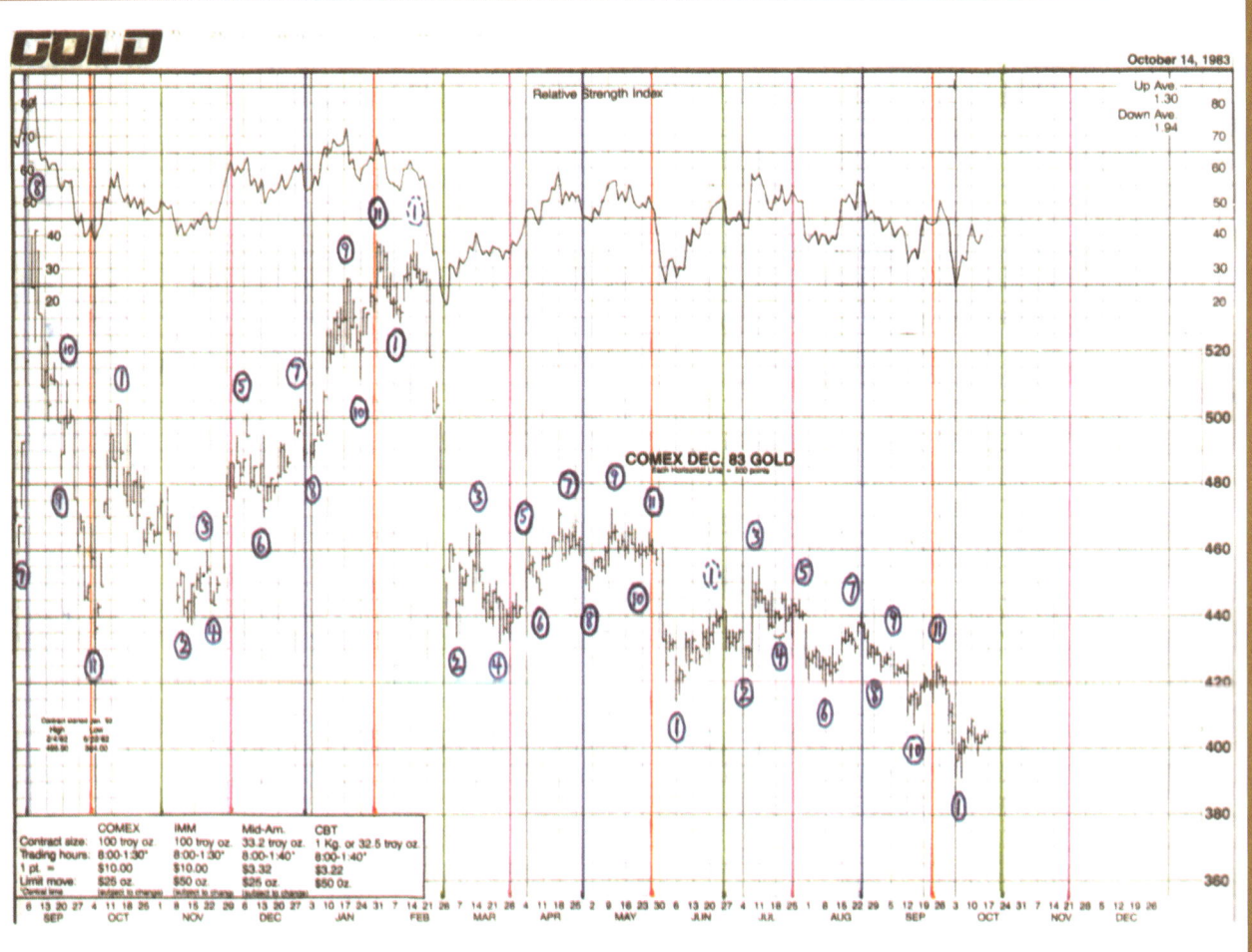

三角洲理论

无论探究到多久的过去还是估计到多远的未来,这些点还会照样出现在彩线的相对位置上!

我是不是说黄金总是有这11个点,这些点也绝对可以预测到?一点没错,因为彩线也是绝对可以预测的。我们一会再说这些彩线是什么,现在先说说Delta的另一个问题——

倒转

注意一下,这11个点的循环总是高点—低点—高点,从2一直到数列最后一个点11。这种高/低循环只有在倒转时才能变为低/高循环。换句话说,高/低循环一旦形成,就会一直延续到数列结束。

倒转只能在点1的位置发生,永远不可能在其他位置发生。看一下这张图,在1月到2月间(橘黄色线和绿线之间),先是一个实线圈点1,然后是第二个虚线圈点1。如果不看点1右边的图,你会觉得市场会上行到右边的绿线,形成高点2。但是,事实却不是这样。

市场上行后随即掉头急跌到点1下方,在绿线的右边(刚好是原来预测的位置)形成点2,没形成高点,反而是低点。

怎么回事呢?原来是市场发生了倒转。这时会多出来一个点,叫中间点(IBP)。市场只有出现中间点,才能发生倒转。

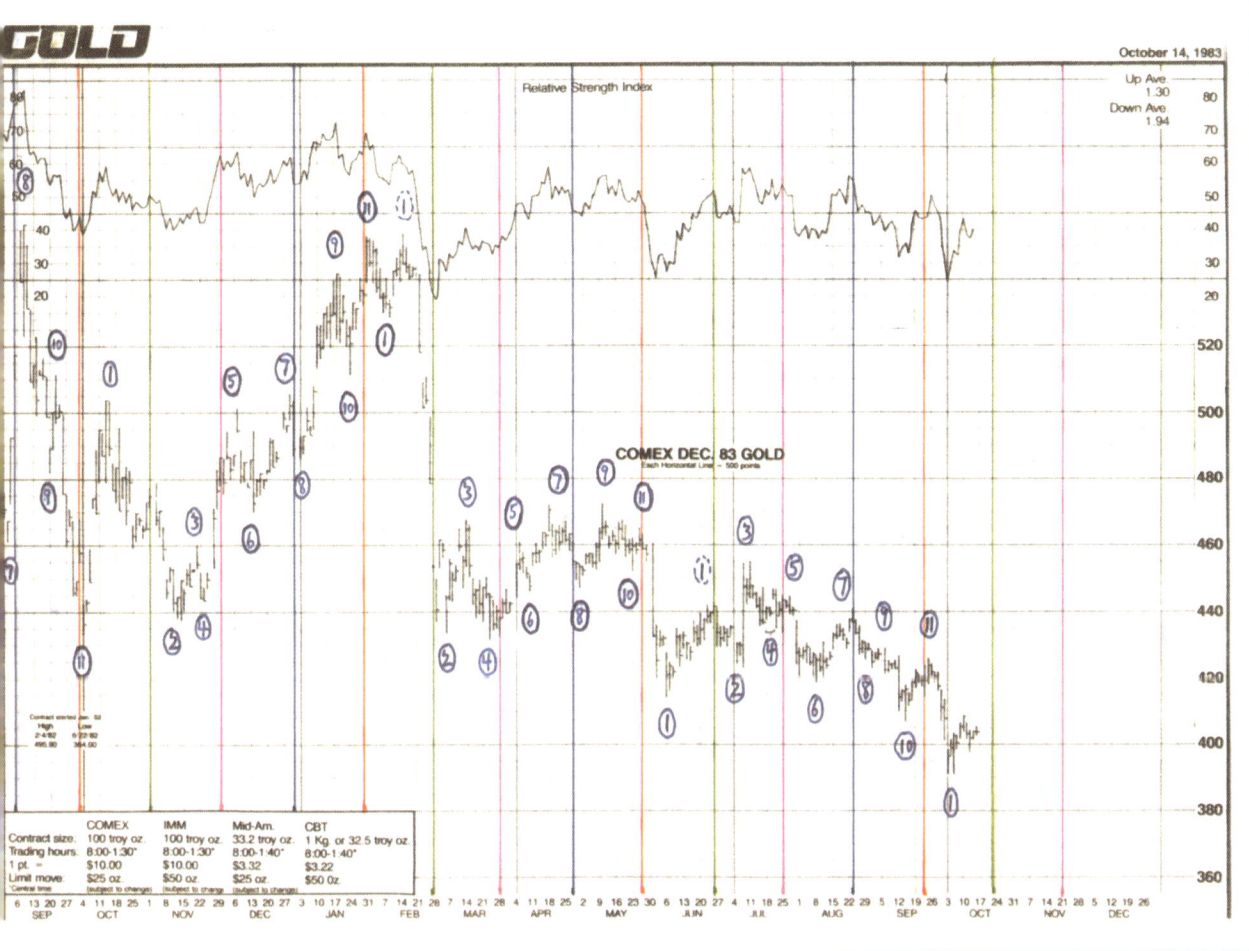

三角洲理论

有没有办法提前知道市场要发生倒转？答案是没有！

有时候还会发生双重倒转。这时，点1的前后都会出现IBP。双重倒转的结果就是负负得正，不产生倒转的效果，因此我们看到中间点会出现在点1的前边或后边。中间点如果出现在点11（也就是数列的最后一个点）和点1之间，就标记为实线圈点11，位于虚线圈点11之后；如果出现在点1和点2之间，就标记为虚线圈点1，位于实线圈点1之后。

倒转发生的分析周期就叫做倒转时间窗（ITW），从上一个系列的最后一个点开始到新系列的第二个点截止。

刚才解释的倒转就是Delta最难懂的内容了，这反过来也说明Delta有多简单。倒转只有四种表现方式，我想先用一个图说明一下，然后我们再接着往下说。

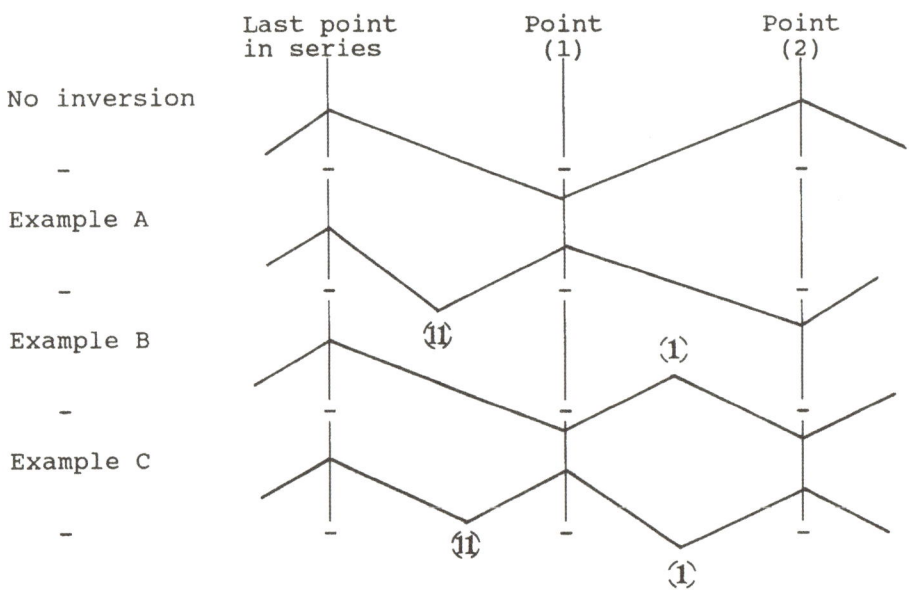

三角洲理论

下面对倒转做一个总结。

（1）倒转只有在点1的位置才能发生。

（2）倒转随机发生，无法预测。

（3）倒转可能会出现在上一个数列的最后一个点和新数列的点1之间，这时中间点出现在同样的位置，用虚线圈表示，序号和上一个系列最后一个点的序号相同。（例A）

（4）倒转也可能出现在点1和点2之间，这时中间点出现在同样的位置，用虚线圈表示，序号和新数列的第一个点序号相同。（例B）

（5）中间点同时出现在点1的前后时就会出现双重倒转，效果与没有倒转一样。（例C）

（6）估计发生倒转的机会有35%，发生双重倒转的机会有15%。

一旦确定点2是顶部或底部后，就能预测数列里其他的点是顶部还是底部了。也就是说，高/低循环一形成，就会保持到这个系列结束、点1再次出现的时候。

显然市场规律的基础就是那些彩线。注意这四种彩线一直重复出现。我们把彩线称为"格子"，前面说过，这个格子可以完全预测到过去或未来任何时候。

图上的时间是从1982年9月到1983年12月，所有市场的格子都是一样的。也就是说，格子不管在哪个分析周期在所有市场上都是一样的，是所有市场的常量。

三角洲理论

那变量（根据市场不同而变化的内容）有哪些呢？每个市场有两个变量。

（1）数列的点数。

（2）点1的位置。

现在我们来研究一下中间期Delta分析周期。我们看到黄金在这个分析周期有11个点。这个分析周期的所有商品，最多有12个点，就是粮食；能源组最少，有7个点，包括汽油和石油。

为什么点1这么重要？一个原因是点1是唯一发生倒转的地方。拿黄金来说，点1在橘黄色线和绿线之间，但是牛（在反面）的点1在红线和蓝线之间，也就是说点1可以出现在四种彩线之间的任何位置。

另一个原因是点1是趋势最有可能发生改变的地方，市场在点1的前后会发生重大的变动。但点1是不是也是倒转唯一能出现的地方？是的，这话自相矛盾，市场最有可能发生重大变动的地方也是倒转唯一能出现的地方。在后面的章节里我会介绍怎么利用这个矛盾来做交易。

现在我们来快速复习一遍，然后看看其他的市场。

每个自由贸易的市场都有一个数量不变的转折点，而且离四种彩线的远近保持不变。每个市场的数列随着四种彩线重复而重复，无限持续到过去或未来，也即是说，点和彩线的距离不会改变，数列里点的数量也不会改变。

点2一旦确定为顶部或底部，后续的点到数列的最后一点

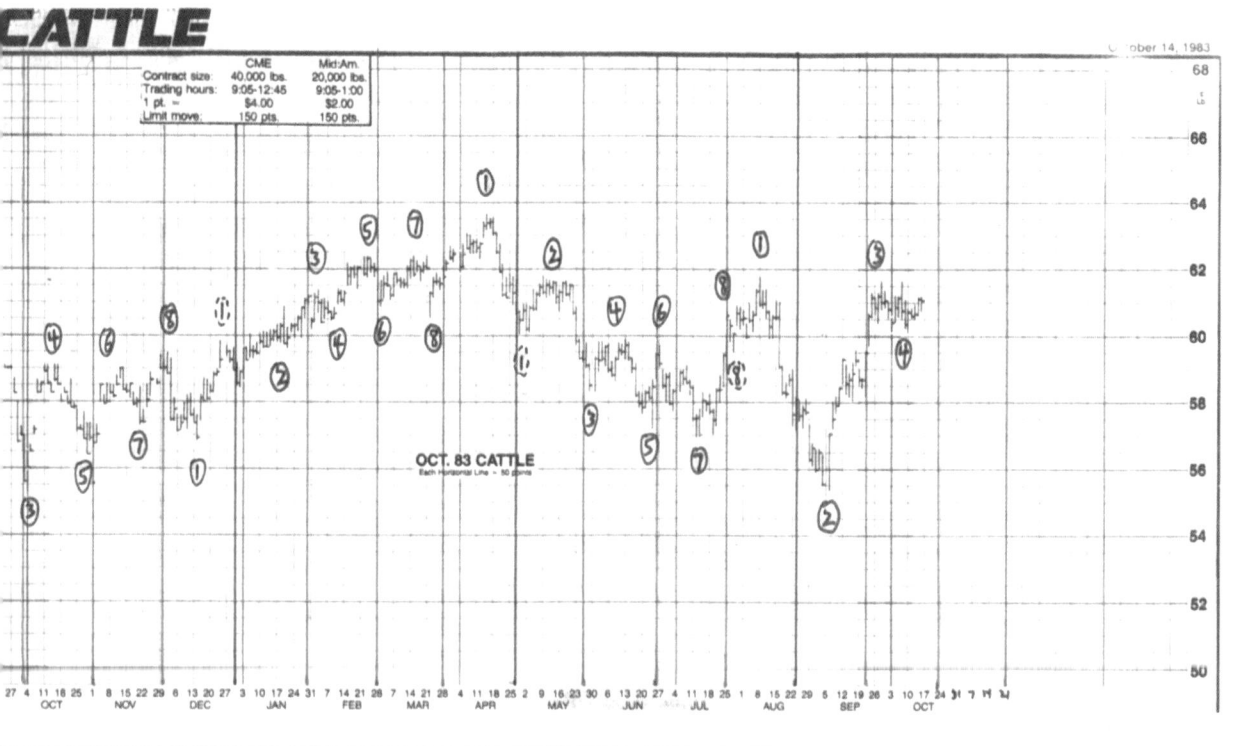

三角洲理论

都会维持高/低循环，直到出现倒转。如果不出现倒转，后面数列中的高/低循环就不会改变。

每个数列之间有一个分析周期叫倒转时间窗（ITW），倒转时间窗从上一个数列的最后一个点开始到下一个数列的第二个点结束。倒转时间窗的中点就是点1。倒转可能出现在最后一个点和下一个数列的点1之间，也可能出现在点1和点2之间。如果出现倒转，在ITW虚线圈点和下一个点之间、实线圈点和下一个点之间发生大变动的几率一样大。（注意看黄金图上虚线圈点1和点2之间发生的大变动）虽然大变动最可能发生在ITW，但也有可能发生在数列的任何点上。

知道了这些，再来看看一些我在芝加哥看到的15张原始图。看看上一页生牛的那张图。生牛图有8个点，点1在红线和蓝线之间，注意点1前后的剧烈运动。

再看看大豆，点1在绿线稍后的位置。大豆有12个点，是中间期Delta分析周期所有市场里点数最多的。同一板块的所有成员有相同的点数，点1的相对位置也一样。以粮食类为例，成员包括：大豆、大豆油、大豆粉、玉米、小麦和燕麦。再看看点1前后的大幅运动，点1往往形成重要底部，很少形成重要顶部。

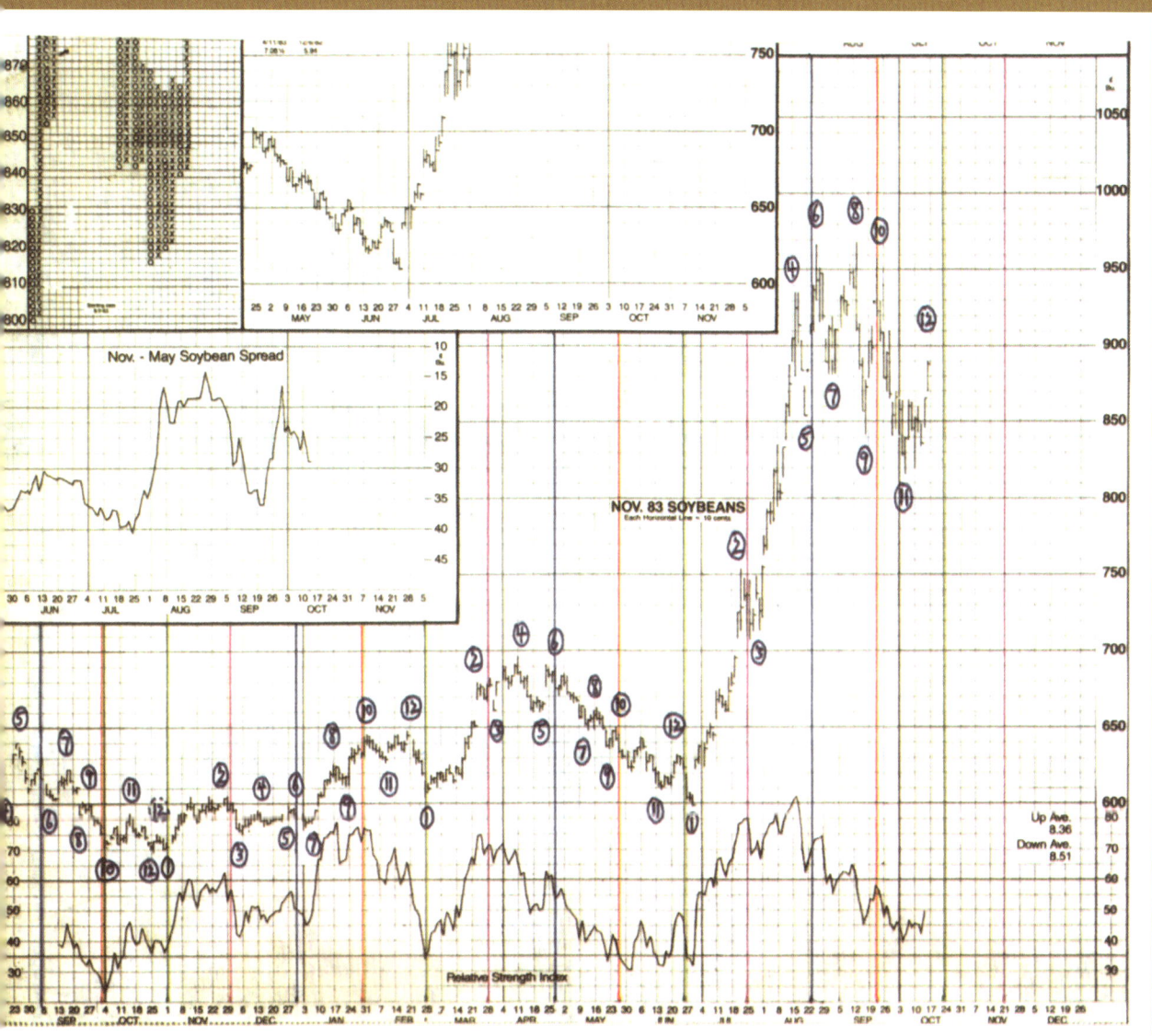

三角洲理论

下面看看猪肚。吉姆解决猪肚（数据非常有限）的Delta数列时，用了7个点。他不太确定点1和点2之间的两个转折点是否持续出现。后来我进行了多年的数据分析，确定这两个点一直会出现，而且还多出来个虚线圈点7，所以猪肚实际上有10个点，点1也在红线和蓝线之间。还是要注意发生在ITW的重大运行。

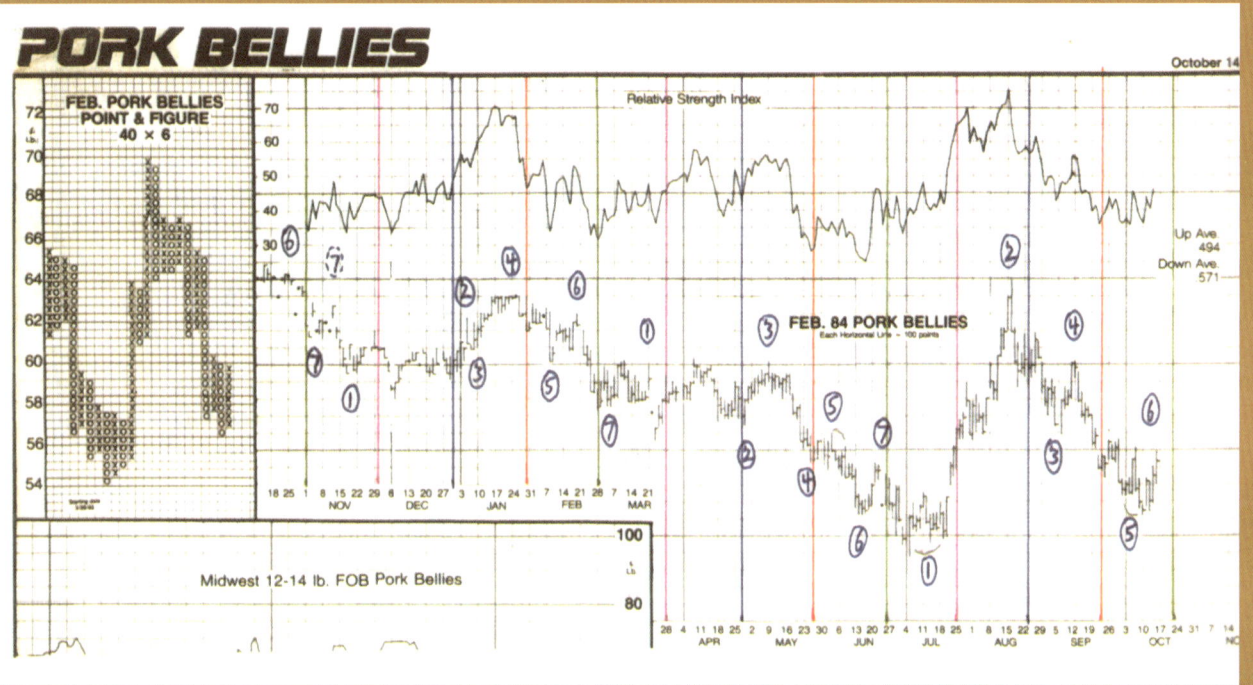

三角洲理论

吉姆给白糖标了8个点，点1在绿线稍后的位置。但是，研究了10个数列之后，才发现虚线圈点8应该是点9，倒转（点1）实际出现在吉姆标了点6的地方。因为数据有限，这时候可能出现的问题是："是不是有些商品常会在点1之外的某些点之间发生重大变化？比如说，按照吉姆的白糖图，点5和点6之间是不是经常发生大幅震动？"答案是不是的。我已经发现除了点1外，任何市场的任何点都与大幅震荡没有关系。

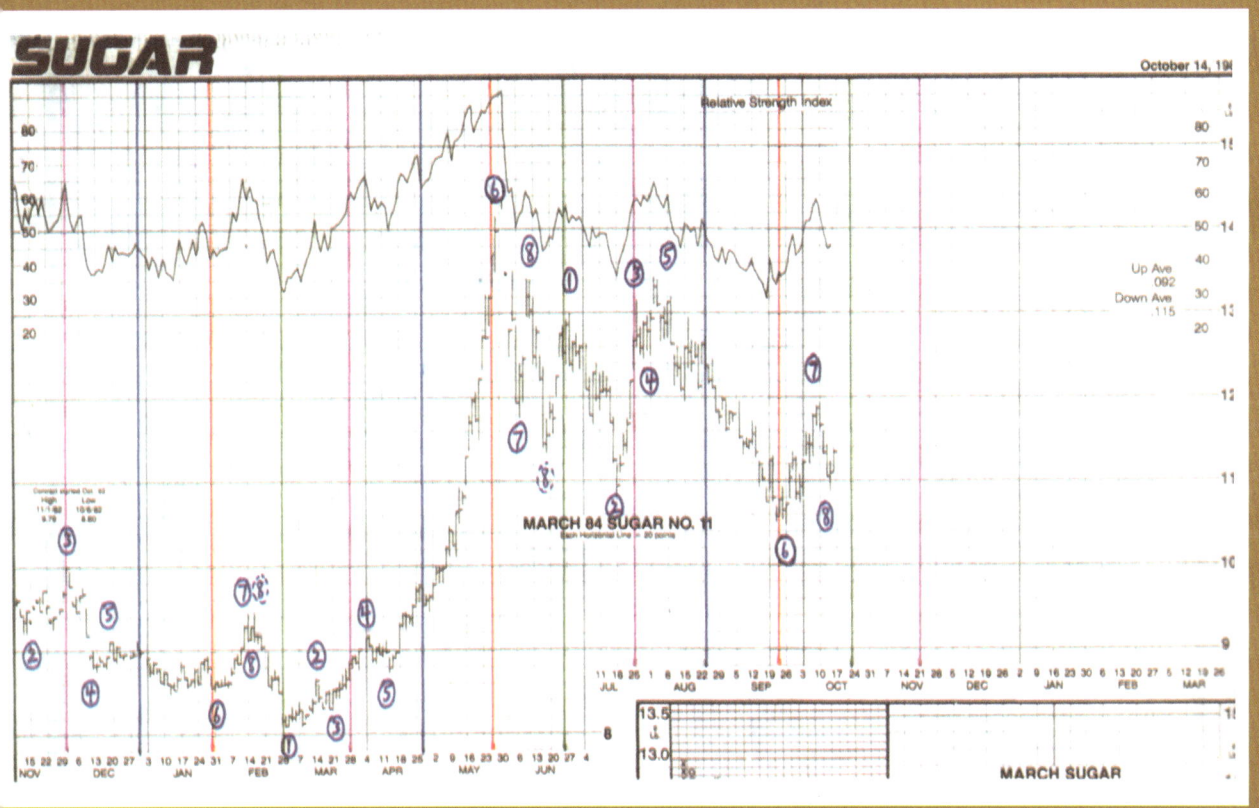

三角洲理论

吉姆的图显示点1出现在红线前面一点。

有意思的是,吉姆只有这张图没有出现倒转,因此他不确定点1的位置。

后来更多数据分析证实了点1实际出现在吉姆标了点4的地方。

图上的点都在原来的地方,但点上的序号变了。

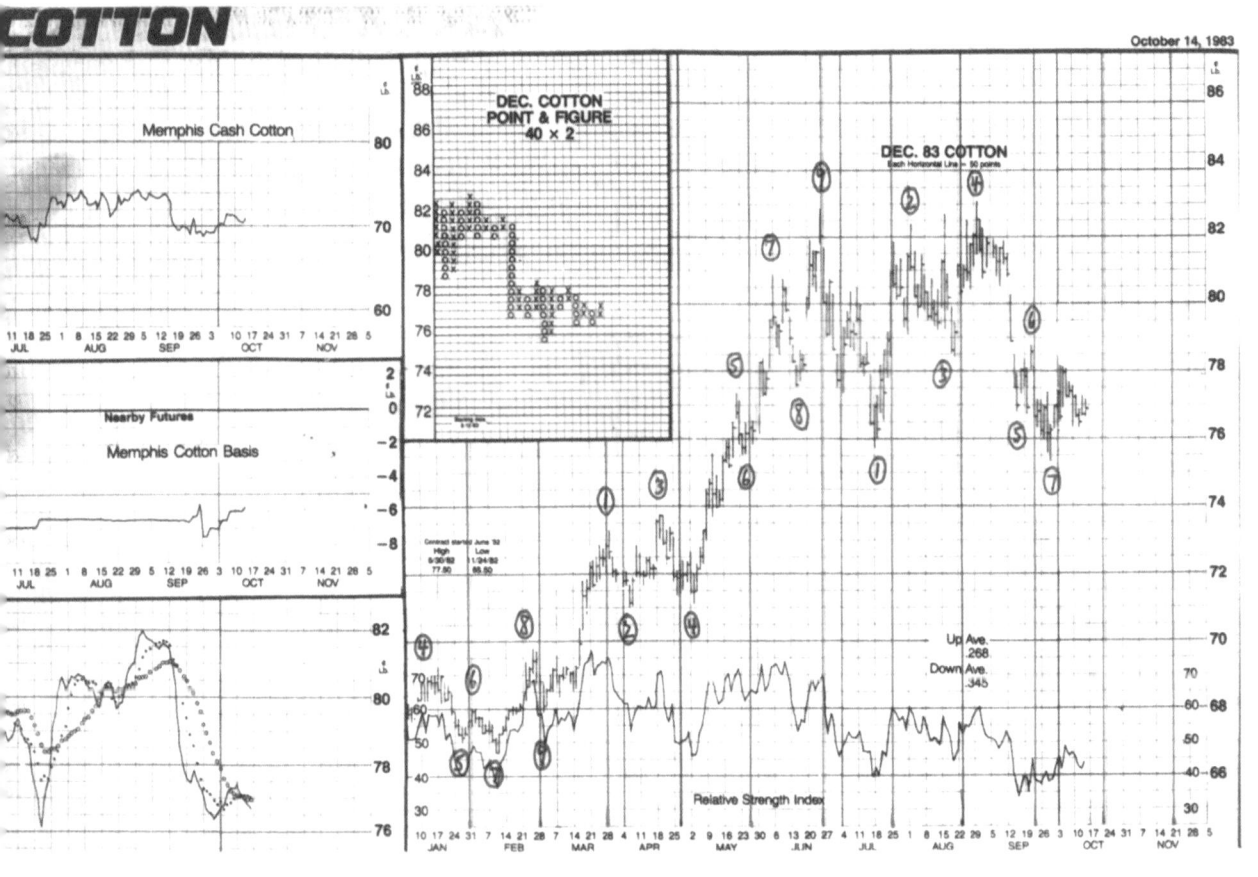

三角洲理论

　　我们最后再看一张图——长期国债图。吉姆标了9个点，但后来多年数据研究表明，在点5和点6之间还有另外两个点，长期国债总共有11个点。

　　现在对中间期Delta（15张图的其他商品都属于同一板块，上述例子已经说明）有个概括的总体认识，我现在来告诉你这些彩线是什么，什么决定了市场的规律。但首先我要做一个重要说明。

　　Delta有5个分析周期，虽然到现在只看到了其中一个，但刚刚说的中间期Delta分析周期的所有内容同样适用其他几个Delta分析周期，比如所有的Delta分析周期都有四种彩线，等等。唯一的区别是彩线的含义。如果你理解上面的全部内容，那你也明白全部五个Delta分析周期的所有内容，只除了每个分析周期的规律，这些彩线表示什么意思。

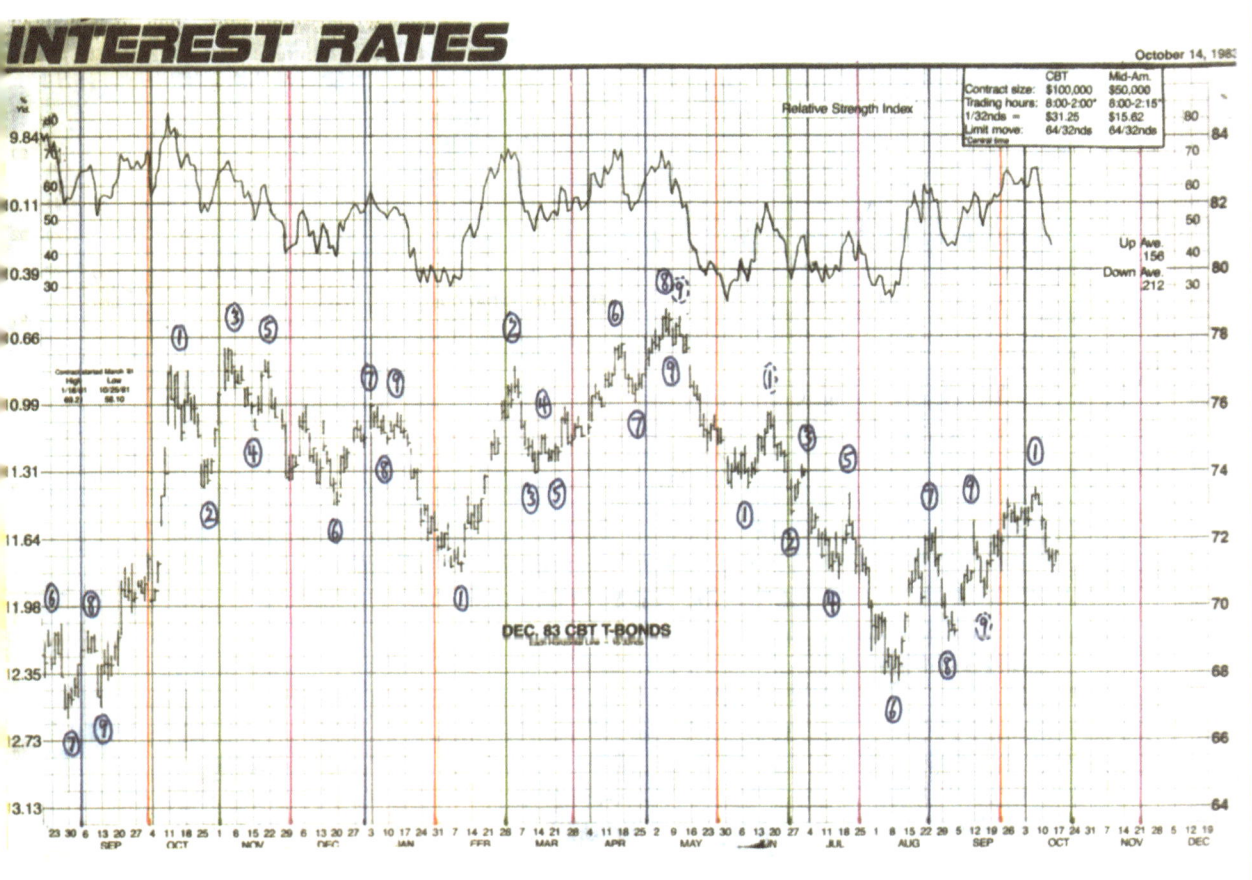

第二章
揭秘时刻

现在我们来揭秘……所有市场的潜在规律到底是什么。一旦你知道答案，你马上就会明白本来就该是这样，没什么能这么有效。仅仅用18个字就能解开全部5个Delta分析周期的秘密。

市场按照太阳、月亮和地球的整个相互运动正向或反向重复一次。

在中间期Delta分析周期，一条彩线对应一个满月日。我们可以用9个字定义中间期Delta：

市场每4个阴历月正向或反向重复一次。

简单得无以伦比，又千真万确。有据可查的数据还没有出现过例外。但是，这个市场真正的潜在规律从每个探求者的眼前溜走，直到1983年夏天吉姆·斯罗曼才发现了它。

我想说说吉姆是怎么发现Delta理论的，然后我们再研究其他四个Delta分析周期。吉姆那时在芝加哥的家里和几个交易员做期货交易。即使他有可能腰缠万贯，他也不想做了。因为在做交易的时候，他脑子里只能想着交易，这个善于创造的人没法耐着性子在这儿浪费时间了。那时他已经写了一本小说，但还没出版，他还想着拍一个故事片，但没钱实施。

三角洲理论

但他在收手前还想深入思考一下市场。他问自己:"市场有规律可循吗?"

吉姆在工作之余花大把时间研究了爱因斯坦的著作,琢磨出一个进行创意思考的办法,就是如果要研究什么,就忘掉关于这个主题的所有自认为已知的知识,脑子就好像一张白纸,然后问自己一个相关问题。这次他的问题是"市场有规律可循吗"?

问了问题之后,吉姆就开始思考所有可能的答案,不受以前认识的影响。他会放开思维想所有可能的答案,这么想一会,然后就用下意识的思维再考虑这个问题。吉姆确信,下意识思维比有意识思维更强大,能更好地解决问题。这么着,吉姆就开始做别的事情,不那么有意识地想这个问题。

不是所有问题都能找到答案,但如果能想出答案,一般是在凌晨的几个小时内——大概3点左右。吉姆下意识地想了大概两个礼拜,冥思苦想之中答案突然就蹦了出来。

这时吉姆爬起来坐到餐桌边,根据"答案"画了几张图。有一半效果很好,另一半看起来不那么对劲。

吉姆相信他找到了部分答案,但还不完整。他又按照以前的程序思考剩下的答案。大概一个礼拜后,又是在凌晨苦想的时候,剩下的答案也出来了。吉姆在图上试了试,这次没问题了。

吉姆觉得他的发现非常重要,但几千年来都与人类失之交臂。市场的确有规律,这个规律建立在最强大、最根本的力量之上,这种力量决定了所有生命——人类的生命、植物

三角洲理论

的生命、动物的生命，是整个人类活动的根本决定力量。

专心想想，太阳、月亮和地球的整个相互运动决定了我们的一切，无论我们是醒是睡，天气是热是冷，无论春夏秋冬、白天和黑夜、哪年哪月，甚至决定了潮汐。我们都听说过，满月的时候医院里总是挤满了待产的孕妇，精神病院里病人的异常行为最激烈。我们每次看时间，看的都是太阳、月亮和地球的相互运动。

吉姆虽然不知道确切原因，但直觉立即告诉他这就是答案。有规律就能预测。还有什么比太阳、月亮和地球的运行能更准确地预测的？

这个发现绝对让所有人大跌眼镜。所有的市场都按照这个规律运行，因此市场是能预测的，这肯定是历史上最伟大的发现之一。

虽然吉姆肯定近9个月的12个市场可以证实这个规律，但还需要证明可靠性，证明点与彩线的相对位置不会前后变化，数列里点的序号在过去和未来都不会改变。这个规律有可能时隐时现，不可靠。

要验证所有市场和不同的分析周期需要几个月，或者几年的时间。吉姆热衷发现，但不耐烦做后续的细致工作。现在的问题是下来该怎么做。

吉姆已经决定金盆洗手，并且已经在关注其他的项目了，只需要钱来付诸实施。吉姆知道他的发现可以卖个好价，可问题是怎么卖？如果把这个秘密告诉买家，买家就没必要买了，秘密内容简单得马上记得住。而且谁愿意不知道

三角洲理论

卖什么就掏钱呢？典型的"第22条军规"。

吉姆还是像以前一样把问题交给了下意识，然后做其他的事。

大约一个星期后，又是在凌晨3点左右，问题解决了。吉姆记得这个想法无比清晰明确，甚至就在耳边。答案就是"卖给Welles Wilder（威尔斯·威尔德）"。听起来煞有介事，但吉姆就是这么说的。

他根本不认识我本人，只是听说过。当天他就给我打电话，我们的谈话就是书册里描述的那样。说的"更正儿八经点"，吉姆在电话里给我开的价，恰好等于我一两天前意外收到的一笔资金。

下面接着讲其他Delta分析周期里四种颜色代表的意思。我们已经了解了Delta理论的全部内容，也证明了它的普遍适用性，现在我们来研究每个分析周期的图。

我刚刚只介绍了一个Delta的分析周期。我在芝加哥的时候，吉姆告诉我Delta规律还有一个分析周期，叫做长期Delta（LTD）分析周期，他还让我看了证明这个规律的四张周图，用8个字就能解释清楚。

市场每4年正向或反向重复一次。

这个规律更简单。真没人发现市场每4年重复一次吗？答案是真的。与这个发现最接近的是"4年商业周期"。技术人员对道琼斯工业平均指数的价格图进行了200年的研究，没人发现过这个规律。甚至虽然市场50多年没有发生过倒转，但

三角洲理论

还是没人发现，近50年里每个数列里的6个Delta转折点每4年不断正向（不是反向）重复。

在芝加哥的时候，吉姆还说了第三个Delta分析周期，叫做短期Delta（STD）。因为需要一天的具体数据，比如说，30分钟的条状图，所以他还没验证。吉姆问我能不能根据已知内容来个逻辑推理。我想，这一定与地球和太阳或月亮的相互运动有关，而且4这个数字也很重要。我一下子就明白了，再用8个字来说明一下：

市场每4天正向或反向重复一次。（英文原文为8个单词）

我的快速反应让吉姆有点吃惊，但我觉得很符合逻辑。吉姆说理论上至少没错，但还是有个问题。周末的情况呢？数列在周末继续，还是会在周五停下来再在周一开始？我不知道，吉姆也不知道，他说一旦想通会告诉我。几个月后，那时吉姆已经搬到了加利福尼亚开始拍故事片，他给我打电话说想通了，数列实际上会继续到周末。

几个礼拜后，我带上大部分市场的40分钟条状图飞到加利福尼亚。吉姆在圣地亚哥北面租的房子很棒，刚好在海滩上，能看到海景，景色美极了。他坐在餐桌边开始解决各个市场的短期Delta（STD）。因为周末，每个数列都有空当，但他的处理速度大大出乎我的意料。（在期货章节，我们会学习分析任何市场和任何Delta分析周期的步骤）

至此，已经有了三个Delta分析周期——长期（LTD）、中间期（ITD）和短期（STD），当时我们觉得也就这些了。

三角洲理论

大约一年后,我已经计划在伦敦召开Delta董事大会。(当时有一位很重要的Delta董事来自欧洲)吉姆从加利福尼亚打电话说又发现了一个Delta分析周期。既然大约两周后要开董事大会,他想在会上向所有人(包括我)做介绍。几乎所有董事都来伦敦参加会议了!

吉姆用两个放映机把两张图完全展示在屏幕上。我现在来简单介绍一下吉姆的发现。

吉姆说:"我的房子在海滩上,退潮的时候,沙滩很漂亮。但涨潮的时候,水好像从四面八方冲上海边的岩石。我女朋友每天都去海滩,所以就参考潮汐图来确定退潮的时间方便她出去玩。我几周前工间休息的时候注意到了这些潮汐图,拿起了一张,又毫不在意地放了回去,但我突然意识到刚才看到的东西,潮汐图就是太阳、月亮和地球相互运动的结果图!现在屏幕上的就是一张典型的潮汐图。"

"我马上觉得这应该很重要,但还不知道多么重要,所以我开始研究手头上的几张图。图很像正弦波,我观察到每天会有两个变量,浪的高度和波峰波谷发生的时间,从图上可以看出,没有哪两天是完全一样的。这个结果提出了一个问题,需要多长时间今天的情形会再次出现?这是不是就代表了太阳、月亮和地球之间一个完整的运动?如果是这样的话,这就是一个Delta新数列的长度,这也会是第一个真正利用了全部三个星体相互运动的数列。"

"我从潮汐线(Tideline)公司在圣地亚哥的办公室拿到了最近6年的每月潮汐图。并且到速印店把每张图复印到乙酸盐纸上。接下来的几天,我就把图两张两张重叠起来对着光看,想找到完全重合的日潮汐图。我知道,如果我找到了,

三角洲理论

每一张图就会与"X"天以前的那张图完全重合。"

"我最后还是找到了确切的分析周期。我会在放映机上分别放上这两张图，然后把两张图重叠，注意看，这两张图完全一样。这两天之间不会再有两张图重合，所以说，这两天之间的时间就是一个完整的太阳、月亮和地球相互运动的确切时间，刚好是12个农历月。"

"每一天的图与12个月前和12个月后同一天的图完全相同，也就是说市场会每12个农历月重复一次。我已经初步验证这个观点是正确的，但是还需要各位董事对每个市场进行验证。我建议把这个新分析周期的规律称为中期Delta（MTD）。"

会后我回家开始验证这个解决方案。我用了周图，并把所有第三个满月日用彩线标了出来，每个农历年的四种彩线相同。验证25个商品市场的中期Delta仅用了我两天时间。

仅仅用8个字就能描述中期Delta规律。

市场每个农历年正向或反向重复一次。

中期Delta有个与众不同的地方——不涉及数字4。原因看起来可能是数字4与两个星体的分析周期有关。中间期源于地球和月亮的相互运动，也就是农历月；长期源自地球和太阳的相互运动，也就是农历日。我们推断如果全部三个星体的相互运动会形成一个分析周期，第三个星体就代替了数字4，数列就变成了一件事或一个整体。

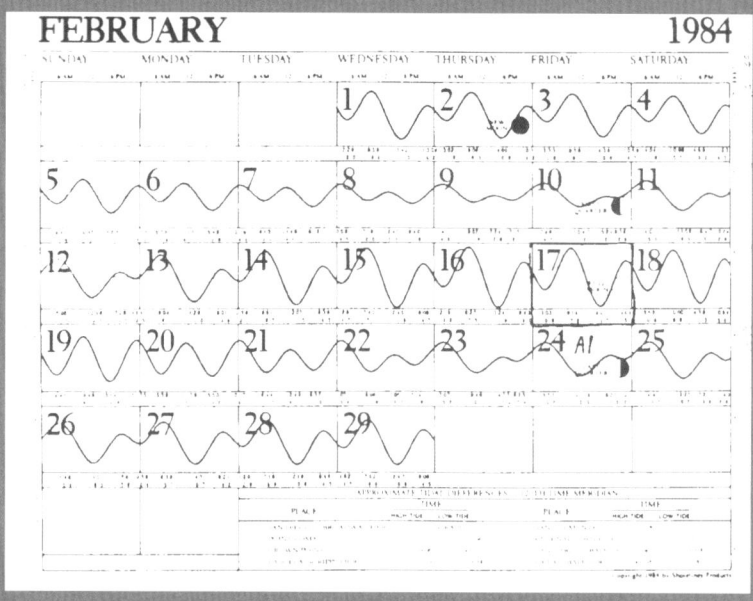

看看上面吉姆在1984年2月17日前后画的潮汐图，下面的潮汐图是1985年2月5日前后画的。注意两天的图是一样的，这两天之间以及其后各自的每天之间是一个整农历年。

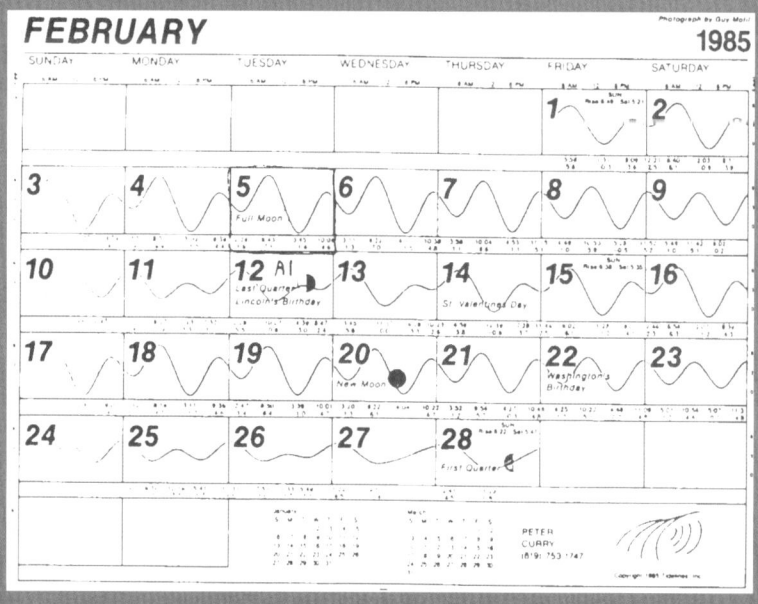

三角洲理论

第五个即最后一个Delta分析周期证实了这个看法。伦敦会议大约6个月后，吉姆又给我打电话，说他确定还有一个Delta分析周期，叫超长期Delta（SLTD）分析周期。但是这次的问题是验证要有足够连续的数据，需要的数列数量大约100年的数据才能提供。我还没有这么多的数据，也不知道到哪找。吉姆就在电话里说了下这个新的也是最后一个Delta分析周期。

吉姆说："Welles，假设你在宇宙里看我们的太阳系，你能看清楚太阳、月亮和地球的整个相互运动。一瞬间会发生很多事，地球绕着太阳转，月亮绕着地球转，地球绕着自己的轴自转，等等。"

"假设你有个相机，抓拍了一张照片，如果要你再照一张相同的照片得等多长时间？"

"这个时间期就是太阳、月亮和地球一个完整的相互运动期！"

（我马上明白吉姆的意思了。既然市场的整个规律都是建立在太阳、月亮和地球的相互运动上，那完成整个相互运动需要的时间就是最后一个Delta分析周期。）

"我不知道需要多长时间。"我回答说，"但我肯定你要说的是对的。"吉姆说："是19年又5个小时。显然，考虑到我们的目的，可以忽略那5小时，仅仅把19年当成数列的分析周期，不影响我们的结论。"

"太好了，"我说，"我现在就去找数据。"

三角洲理论

我也很惊叹纳闷我怎么总是能心想事成。几天后，我跟一个不太熟的人通电话，中途他提到他费了九牛二虎之力，从几个地方收集到了1792年至今股市基本指数完整连续的月收盘价，刚做完道琼斯工业平均指数（DJIA）。长话短说，他非常得意，所以数据卖得也不便宜，但我还是拿到了。

我的员工把数据敲到磁盘上，程序员开发了一套软件，可以把数据变成线图。我知道周期是19年，所以我们从图的开头开始，让程序每19年画一条红线。（显然，从哪开始画线没什么差别。）其他的三条彩线等距离相隔，每条彩线之间的距离都是19年的四分之一，即4年9个月。

我最后得到了两张月图，每张图横跨大约100年的时间。不到30分钟我就找出了方案，数列有14个点，但最神奇的是整整200年没发生一次倒转。

另外唯一一个数据充分能验证超长期Delta的市场是道琼斯20种债权平均值，我有1915年至今的每月数据，凑足了4个完整数列，这是最低数量要求，我们以后再说这个。

现在我们确定了全部5个Delta分析周期。这5个分析周期里，多的话平均每天就有两个短期Delta转折点，少的话每3年才有两个超长期Delta点。

如果你清楚我们现在讲的所有内容，那你也就掌握了Delta理论——所有市场的潜在规律。

我们在下面几个章节里详细研究每个Delta分析周期，再学习怎么找到任何一个市场任何一个Delta分析周期的Delta方案，我会把我用Delta做市场交易的经验教给你们。

三角洲理论

　　这本书和我其他的书一样简明扼要、直切要害，只包括关键内容，但我会讲得通俗易懂。一页纸能提纲挈领说清楚的内容，有人却要洋洋洒洒写上5页纸，我才没耐心看，做工程出身的就是这样。先来概括一下5个Delta分析周期。

定义：

市场正向或反向的运动周期是：

短期Delta（STD）
　　A.地球每自转四周一次，即
　　B.每四天一次。

中间期Delta（ITD）
　　A.月亮绕地球每四周一次，即
　　B.每四个农历月一次。

中期Delta（MTD）
　　A.每个潮汐重复一次，即
　　B.每农历年一次。

长期Delta（LTD）
　　A.地球绕太阳每四周一次，即，
　　B.每四个农历年一次。

超长期Delta（SLTD）
　　A.太阳、月亮和地球每一个完整重复一次，即
　　B.每19年又5小时一次。

循环
　　A.从点2到数列尾，所有的Delta转折点都保持顶部/

三角洲理论

底部或底部/顶部循环。

B. 这种循环会在倒转时间窗发生改变。

倒转

A. 改变Delta顶部/底部或底部/顶部循环。

B. 只能发生在倒转时间窗（ITW）。

倒转时间窗（ITW）

A. 以精确频率重复的一段时间。

B. 倒转时间窗从上一个数列的最后一个Delta转折点开始，延续到新数列的第二个转折点。

C. 倒转时间窗是倒转发生的唯一分析周期。

中间点（IBP）

A. 中间点是数列里多出来的点，只可能出现在倒转时间窗里。

B. 中间点可能出现在点1的任一边，形成倒转，最终改变循环。

C. 中间点还可能同时出现在点1的前后，形成两次倒转，循环不发生改变。

数列

A. Delta转折点的计数从点1开始，一直到数列的最后一个点。

熟悉了这些定义后，我们看看所有市场的完美规律。

首先，所有市场的运动与Delta这个规律很合拍。这么说让人太惊奇，很难相信。我肯定，如果谁几年前看过我在全球杂志和报纸上发布的广告，当时可能会窃笑不止，奇怪我在吹嘘什么。我猜实际上你们很多人因为书没看完，觉得证

三角洲理论

据不足，无法信服，这可以理解。等你看完这本书，看到无法反驳的证据，你就确信了（如果你保持客观的话）。

当然，目前为止，我还没时间解决"所有市场"的Delta问题。但我看到的和解决的市场还没有一个违背了Delta规律，你会看到循规蹈矩的市场越来越多。我绝对相信这世上所有自由贸易的市场都会遵循这个规律，不是因为我找到了每个市场的方案，而是因为规律的原理不以交易对象为界。它说的是自由贸易市场的科学，显然这门科学到了现在才不那么生僻难懂。

不追根溯源，没人真正懂得电到底是什么，磁力到底是什么。但因为能观察到其遵守了确定的规律，能用公式表达，能被预测，所以我们承认它的存在。

再来看看这个市场规律。所有市场都遵守这个基本规律，变量只有两个，数列里点的数量和数列的起点位置。就这么简单！一旦发现某一市场里重复的点数和重复的起点，就能预测所有这些点从哪里开始，无论过去和未来什么时候。为什么呢？因为我们能科学地预测过去和未来任何时候太阳、月亮和地球的整个相互运动。

我们的意思是每个市场都受到太阳、月亮和地球相互运动的约束。找到开锁的钥匙，市场就绝对可以预测。这个钥匙有两个内容，在顶部/底部循环数列中有多少点、数列的起点在哪里。

为什么要知道数列的起点？因为只有在这里数列才能发生倒转。

现在如果下列假设成立：

三角洲理论

　　A.每个自由交易的市场都能一遍又一遍地重复一定数量的点；
　　B.按照确定的顶部/底部循环；
　　C.只会在确定周期的起点改变循环；
　　D.按照确定的方式改变循环；
　　E.完全按照太阳、月亮和地球的完整相互运动的顺序进行上述行为。

　　那么这是不是完美的规律？

　　客观地观察后，你会回答是的。如果以上都是正确的，那么这就是完美的规律了。

　　现在，即使我们知道Delta规律是完美无缺的，遗憾的是，在我看来，顶部的确切日期和底部的确切日期（顶部/底部循环中）还不是尽善尽美。如果这两个日期确定的话，我就不会写这本书，而且这时候可能就是世界上最有钱的人了！

　　所以，完美规律和完全精确是两码事，懂得这个很重要。完美规律的意思是一种现象会完全按照确定的参照物重复运动，Delta的参照物就是太阳、月亮和地球的完整相互运动。

　　完全精确指的是规律的精确性。Delta规律的精确性就是转折点的精确度，就是某一个转折点实际出现日多接近预定日期。显而易见，市场的完美规律不可能完全精确。

　　如果确实能的话，那么早在罗马人和腓尼基人做生意、希腊哲学家想垄断橄榄油市场的时候，随便什么人都能发现这个能够完全精确的规律。而且，如果每个人都知道这样的规律的话，市场就不存在了，因为每个交易商都知道完全一样的信息，没人作为交易对手，大家都不用做交易了。

三角洲理论

所以说把Delta规律告诉所有交易员，不会对市场产生重大影响，因为没人确切知道顶部或底部到底出现在哪一天，某些Delta分析周期的顶部或底部确切出现在哪一周，较长期的Delta分析周期里的顶部或底部确切出现在哪个月。即使交易员确实知道了顶部或底部出现在哪一天，也不知道顶部或底部出现的时分秒和价格。

市场的完美规律不代表完全精确，这对每个人不能不说是万幸呀！

另一个与精确度有关的问题是外部对市场的影响，比如加息或减息的新闻能使货币市场发生快速和重大的变化。这个变动会影响市场的Delta规律吗？不会，但通常会影响Delta的精确度。当时的冲劲会把下一个市场转折点推迟。但是我们对此已有预期，所以结果也是可以估计的。

市场不是一直上行或下行，总有一些反应与Delta转折点相反。但市场完全忽视Delta低点而直接运动到下一个Delta高点，或者反之，这种情况绝少发生。我们后面会学到，Delta日期就是该点过去实际出现的平均日期。

第三章
中期Delta

我们会详细介绍每一种Delta分析周期，先从中间期Delta分析周期（ITD）开始，继续以黄金为例。

记得我在芝加哥第一次看到Delta理论时，我和吉姆都不知道我们在那15张图上看到的规律完全一直遵循太阳、月亮和地球的相互运动，也不知道这个规律会不会和我们捉迷藏，时隐时现。

在回家的飞机上，我决定集中全副精力验证这个Delta规律到底有多可靠。后来几个月我在家工作，只偶尔去办公室。一个人不受干扰取得的成就令人惊奇。

我需要连续五六年的日图来分析中间期Delta（ITD）。一段时间的研究后，我从《商品观察》（*Commodity Perspective*）拿到最近8年的数据，集合了图表年鉴，把大多数商品的每一分合约都做成了图。

一页一年的格式正合我意。有了8年的数据，我能在每个商品ITD分析周期找到至少24个重复。

既然我知道了Delta的答案（点的数量和点1的位置），我要做的就是在图上标上彩线和点数。一切都按部就班，我很惊喜（虽然我可能应该一点也不觉得），简单得我12岁的儿子知道规律的话也能做。我调查的市场越来越多，而规律也很快——浮出水面。重要的规律是：

三角洲理论

Delta的顶部一定是两个Delta底部之间最高的高点，Delta底部一定是两个Delta顶部之间最低的低点。

90%的时候只需要知道这一个定义就够了，绝对能确定Delta转折点。

自己动过手的人会深刻认识到，很难把所有市场的运动汇总到一个事先确定的模式里。有时候市场会急升急跌，"无法完全按照预测运行"。另一方面，市场有时候也很"松弛或受阻"，看起来没有足够的冲劲儿形成重要的转折点。但这些都是极端情况。

市场无力或急剧运动的时候，我们需要遵循其他的一些——不能说规则，只是指导原则。

下面6页的内容直接摘自Delta会员手册，插到这里是让大家研究图的时候，能认识每一种Delta转折点。

下面6页的内容很重要，是完整理解Delta理论的前提。建议你们好好看，然后再看图。最好记住这些内容再使用Delta。

转折点的分类

下面的讨论看起来有点奇怪,要把人的性格与市场联系起来,但要知道市场是人类行为的效果。很多书都讨论过从众心理,市场就反映了大众的行为组合。但在吉姆·斯罗曼发现Delta理论并对其分类之前,还没人知道所有市场都遵循一个确定的原则。Delta理论第一次确立了所有市场实际行为时的参照。这个根据就表现在Delta转折点上。如果有人提前知道某一点在将来某个时候"应该"怎么行动,那么那一点当时的实际行动就开启市场分析的新领域,给市场行为提供了全新的认识角度。

基础的假设是市场要么按照"预想"行动,要么反之。如果它们没有在提前确定的时间最终按照预期行动,就是有原因的,那就是当时出现了特别强大的力量,暂时与市场"要"行动的方向相反,交易员显然可以利用这个信息,借这个暂时的力量赚一笔。如果市场没有按照预期行动,那个反方向的运动可能会增大。

学习了Delta,市场看起来几乎是带有人性的,你会想着市场"想"做什么或"应该"做什么。你会变成一个扑克高手,能感觉到对手的个性。你有一个参考框架,知道他在什么情况下做什么,他一有机会也会玩把戏,但你总能占据有利地位,因为你总能提高认识,看出他的意图,这时你已经深谙游戏的实际规律了。

我有一年的时间都在跟踪Delta，确定了几百年来每日数据上Delta的转折点，我发现市场会根据Delta转折点有不同的运动方式，取决于市场内在力量的强弱。所有这些不同的行为特点只能分为四种类别，我称之为正常的、实际的、乏力的和强势的。下面是这四种类别的定义和举例：

　　（1）正常的。如果市场正常活动，起伏就很规则，转折点很精确，离Delta预先确定的转变日期相差不过一两天。市场绝大多数时间都会处于正常状态或实际状态，除非市场隐藏着非常强大的力量。在例A（1）中，打点的小框表示预期的Delta转折点，在正常市场，研究一下市场的节奏，转折总根据预计的Delta转折点出现。

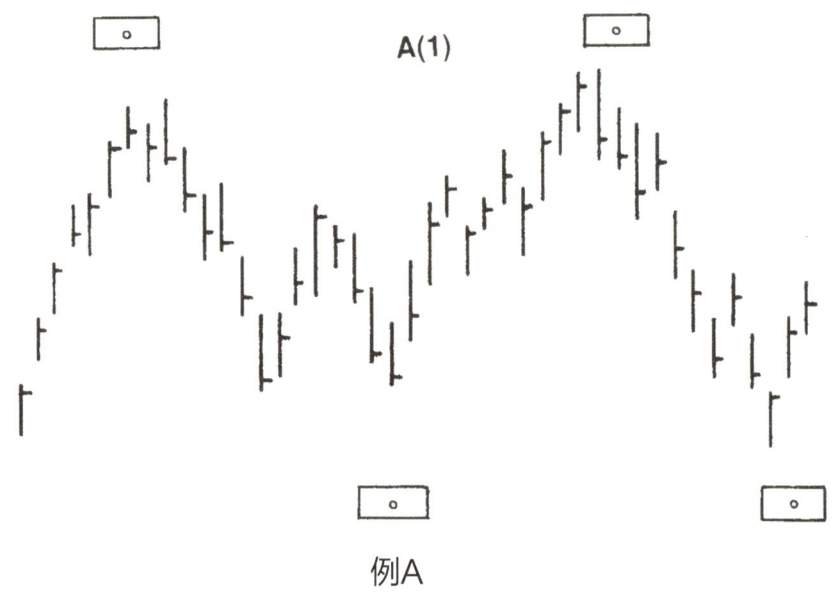

例A

（2）实际的。有时会出现两个同等重要的低点或高点，离预计点最近的点是实际的Delta转折点，例B（2）就是一个例子，Delta转折发生在最低点a。例B（3）是这个例子的一个变形，有人会认为真正的转折点是最低点c，但是事实并非如此，实际的转折点在b。仔细观察会发现，市场实际上是在b点转折开始上行的，c点可能是因为场内交易员操纵、连续止损等原因夭折，根本原因是这个范围内上部的压制力很强。如果压制力由b点开始力量很强，就应该忽视上一个底部"摇摆不定"的部分。

例B（4）是另一种变形，Delta预期点在两个底部之间，这种情况时不时会出现。两个底部之间的顶部离Delta转折日非常接近，或就是Delta转折日，这时，实际转折日是离Delta预期日期最近的一天。

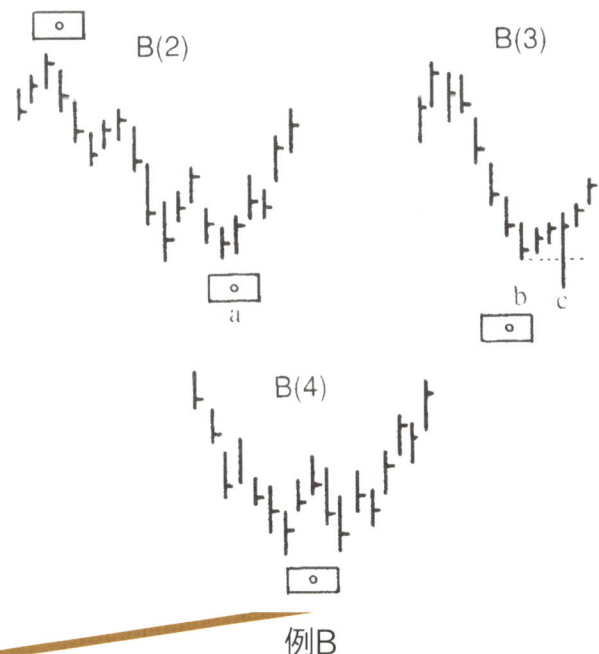

例B

（3）乏力的，如果市场在某一方向上力量很强，这种力量的反方向就可以看做市场软弱的情形。为了讨论方便，忘掉把强市当成牛市把弱市当成熊市的这个概念，现在讨论的是一个趋势在任意一个方向上的力量，弱市就是强市趋势的反面。在例C中，市场下行，在C（5）中，市场"努力"想形成下一个Delta顶部，但没能成功，努力的结果只是形成了整理格局。市场"想"要按时形成顶部，但无果而终，然后急速下跌。这个动作告诉交易员Delta转折点可能提前，下行还会继续。这种情况下，市场努力上行的最后一天形成Delta顶部，之后市场在d点急跌，虽然前一天可能还会稍稍冲高。

例C（6）中，下行力很强。市场"想要"转折上行到Delta顶部，但市场力量很强，一天的"上行"就耗尽了所有力量。交易员应该注意市场很强时在Delta转折点时的这个动作。如早有预计，行为发生时，交易员要抓住这个千载难逢的机会入市或加仓。这时，Delta转折点在高点e。我记得只见过一个这样的市场——1981年要冲50元顶部的白银市场。当时市场力量很强，根本没在Delta转折点附近逗留一天，就直接冲过了转折点。

例C

例C（7）是例C（6）的一个变形，这种情况很少发生。但有可能市场力量很强，Delta高点g实际上比Delta低点f还要低。

（4）强势的，在上面几个例子中我们集中分析了强市的软弱一面，最后一类来分析强市的强势一面。这里强势指的还是市场在某一个方向上的运动。例D（8）是个典型的强市，市场"想"在Delta转折点h掉头，但市场暂时力量非常强，甚至冲过了转折日，压力最终得到暂时释放，市场开始向Delta高点i运行，有时因为错过了上一个点，这个点会预期形成转折。但是交易员应该预计到这个点可能提前，因为市场的内在力量可能仍然很强大。

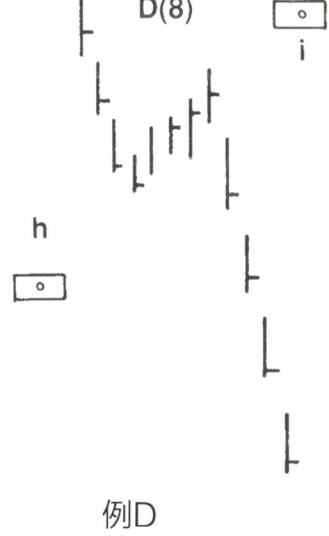

例D

这四种就是全部的Delta转折点。大概90%的情况下，市场明显会在Delta转折点发生转折。上面的定义涵盖了需要确定的特殊情形，始终适用于我们对几百张每日图表的分析。我们展示图表的目的就是衡量Delta理论，用确定的数学结果表示每种商品长期或中间期Delta转折点的精确度。

对Delta理论的调查和研究一直让人兴奋、鼓舞人心、物有所值，也让人产生自我满足感，通常在作出其他人一辈子都无法实现的突破时才会有这种感受。这也是我曾做过的最负责、最精确、最竭尽全力的研究。即使这样，多研究一天，都会让我愈加承认吉姆·斯罗曼发现的重要意义。

三角洲理论

看的第一张图是黄金的图,我们接着来研究。下面8页的内容都是有关黄金的。

我用吉姆的方案解决中间期Delta时,慢慢明白了一件事,方向的重大变化和重大运动最有可能发生在点1或其前后。在黄金图中,重大运动偏向于从点11、虚线圈点11、点1或虚线圈点1开始。

Delta这个特性适用于所有5个分析周期,其他Delta转折点都没有这种特性,仅仅这一点就是很有价值的信息。这种特定更多出现在低点,而不是高点。在研究下面几张图时要注意这个特性,数数有多少个重要底部与点1有关。

再注意一下,市场急跌和急升时,这4个指导原则是怎么起作用的。你会明白为什么我让你背下来。

研究下面8页内容的时候,我想你会体会到我写这本手册的感受。

"接着,吉姆花了几个小时向我解释了他的发现。他用彩线和数字标记了15种商品的K线图,一共15张,从这些图上很明显能看出来市场确实有规律可循。转折点不一定非出现在预定的那一天,但是却接近得让人咋舌,大多数情况下相差不过两三天。"

我(1983年秋天)分析完了吉姆解决Delta时用的15种商品最近8年的数据,结果是15种商品的精确度相对一致,黄金位居中等,6种商品更精确一些,8种商品的精确度差一点。

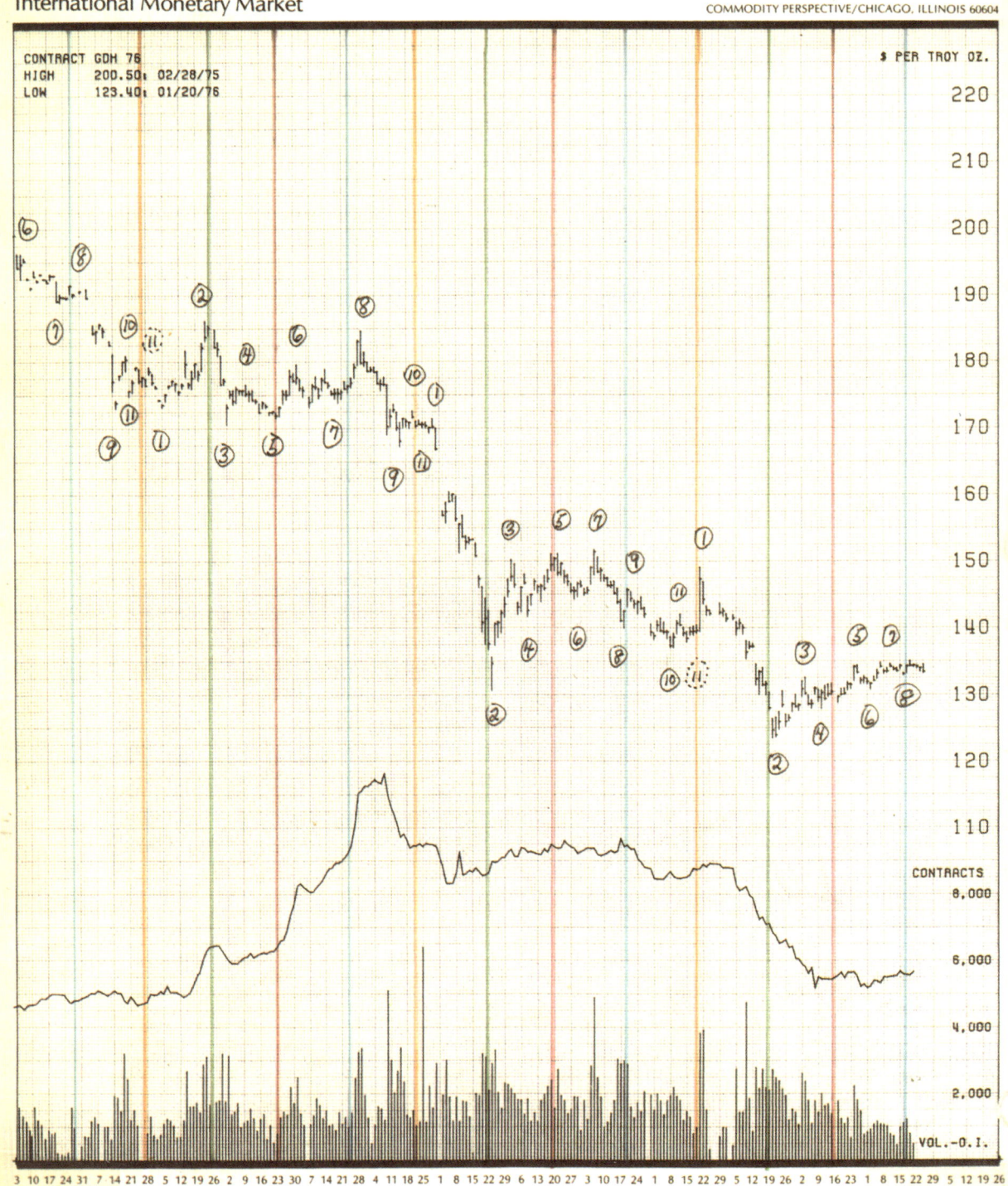

黄金

1977年3月
国际货币市场（International Monetary Market）
《商品观察》（Commodity Perspective），芝加哥，伊利诺伊，60604

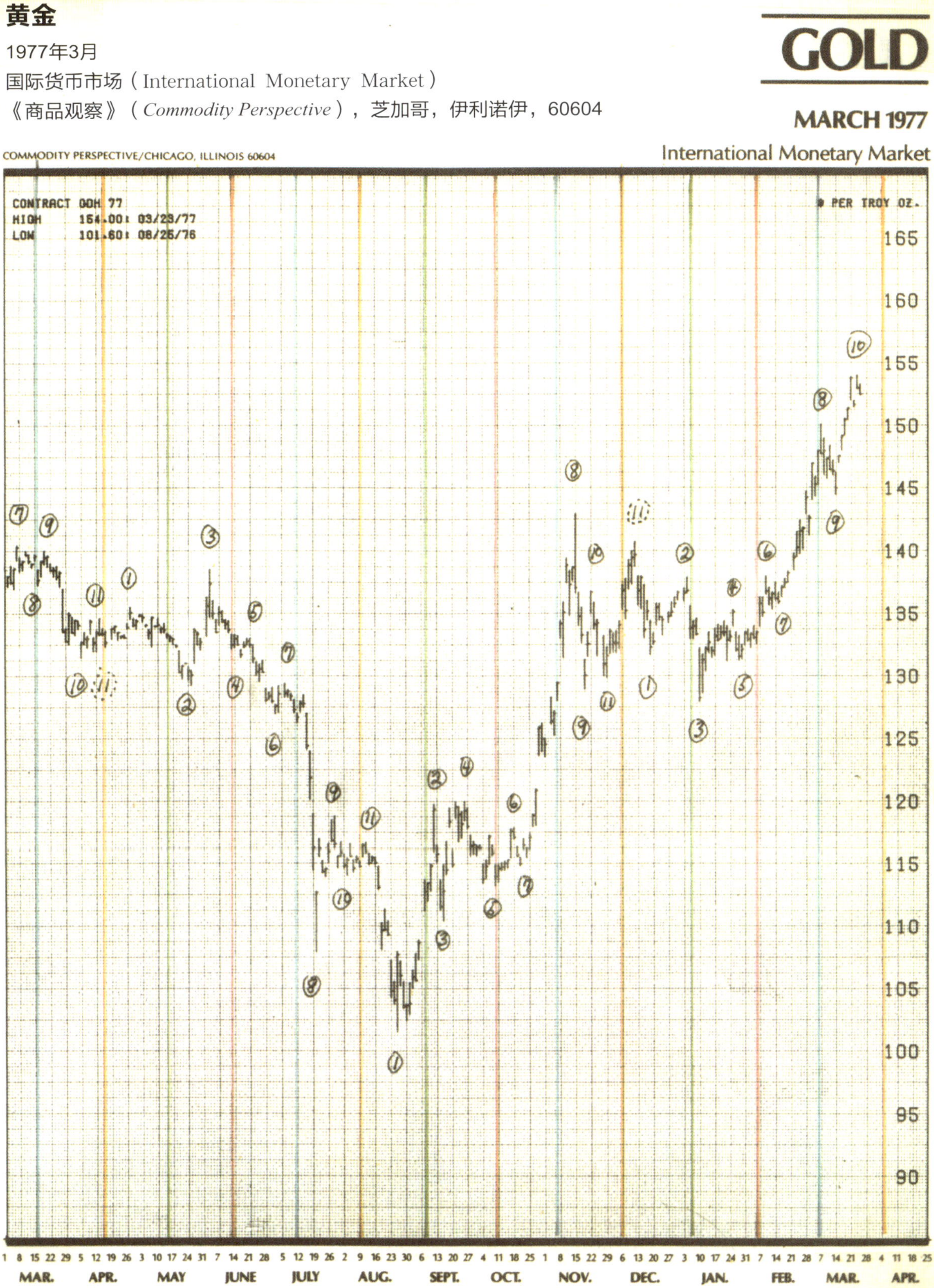

MARCH 1977
International Monetary Market

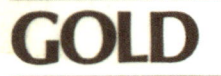

GOLD

MARCH 1978

International Monetary Market

黄金

1978年3月

国际货币市场（InternationalMonetaryMarket）

《商品观察》（*Commodity Perspective*），芝加哥，伊利诺伊，60604

COMMODITY PERSPECTIVE/CHICAGO, ILLINOIS 60604

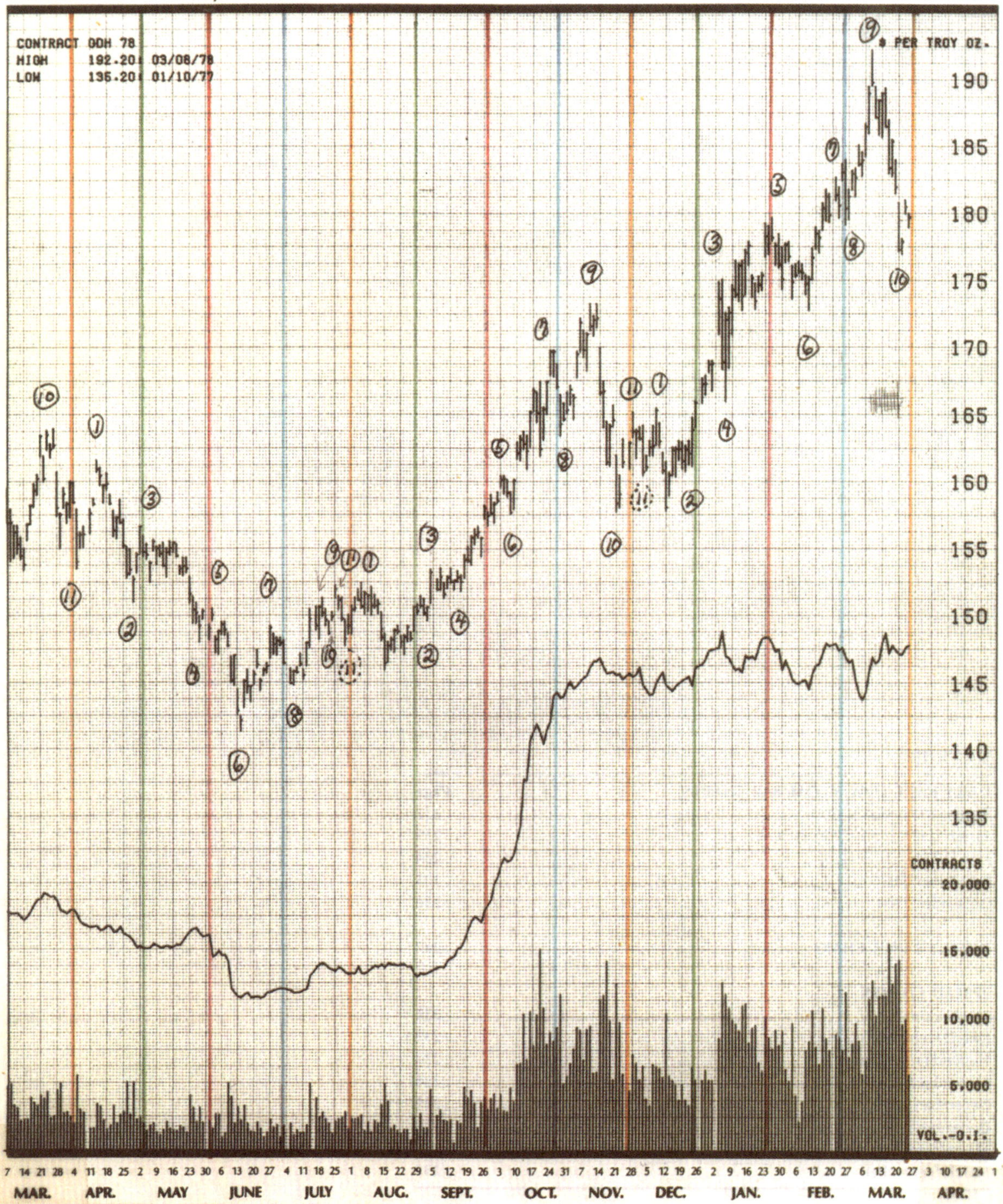

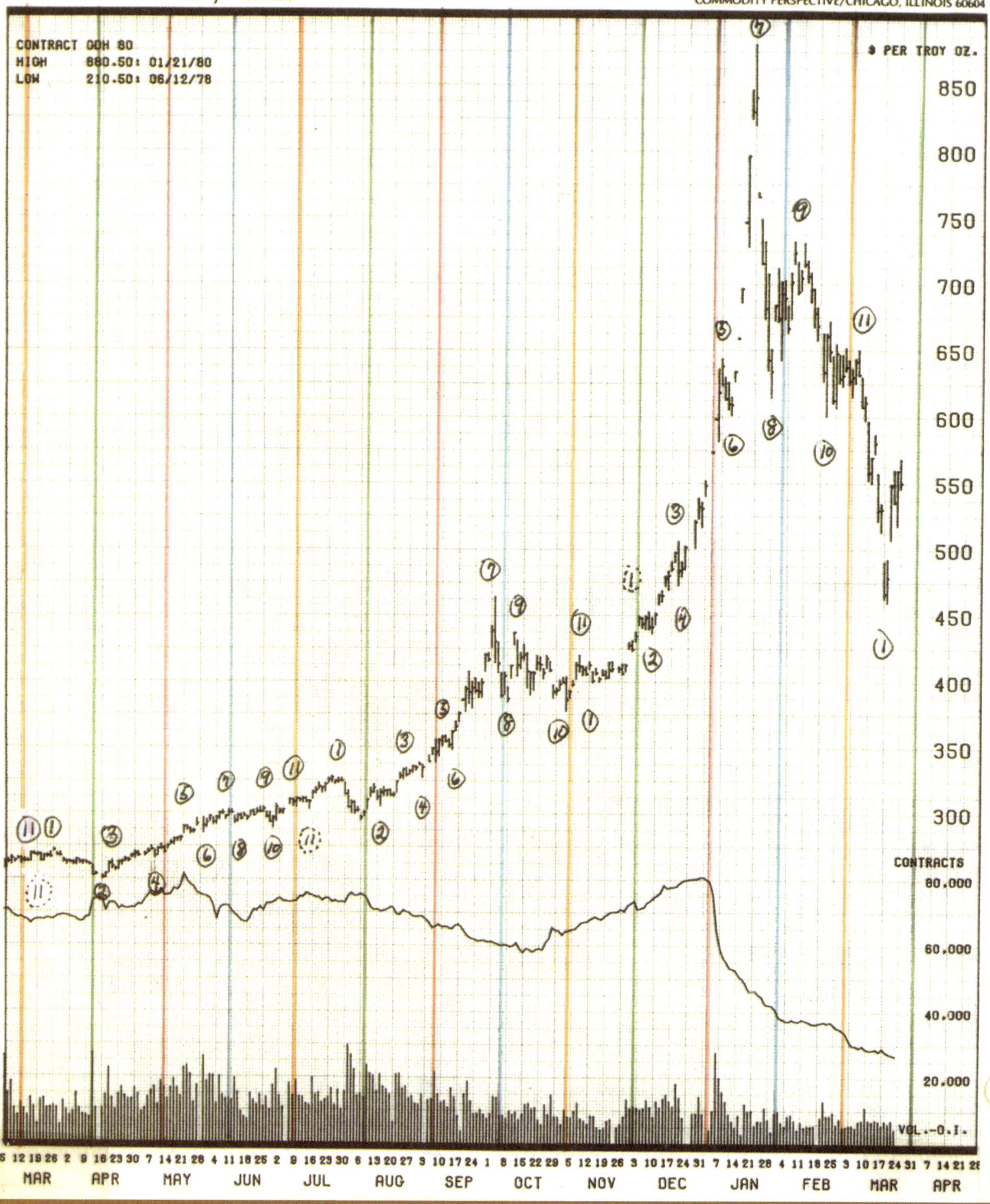

MARCH 1981
International Monetary Market

黄金
1981年3月
国际货币市场（International Monetary Market）
《商品观察》（Commodity Perspective），芝加哥，伊利诺伊，60604

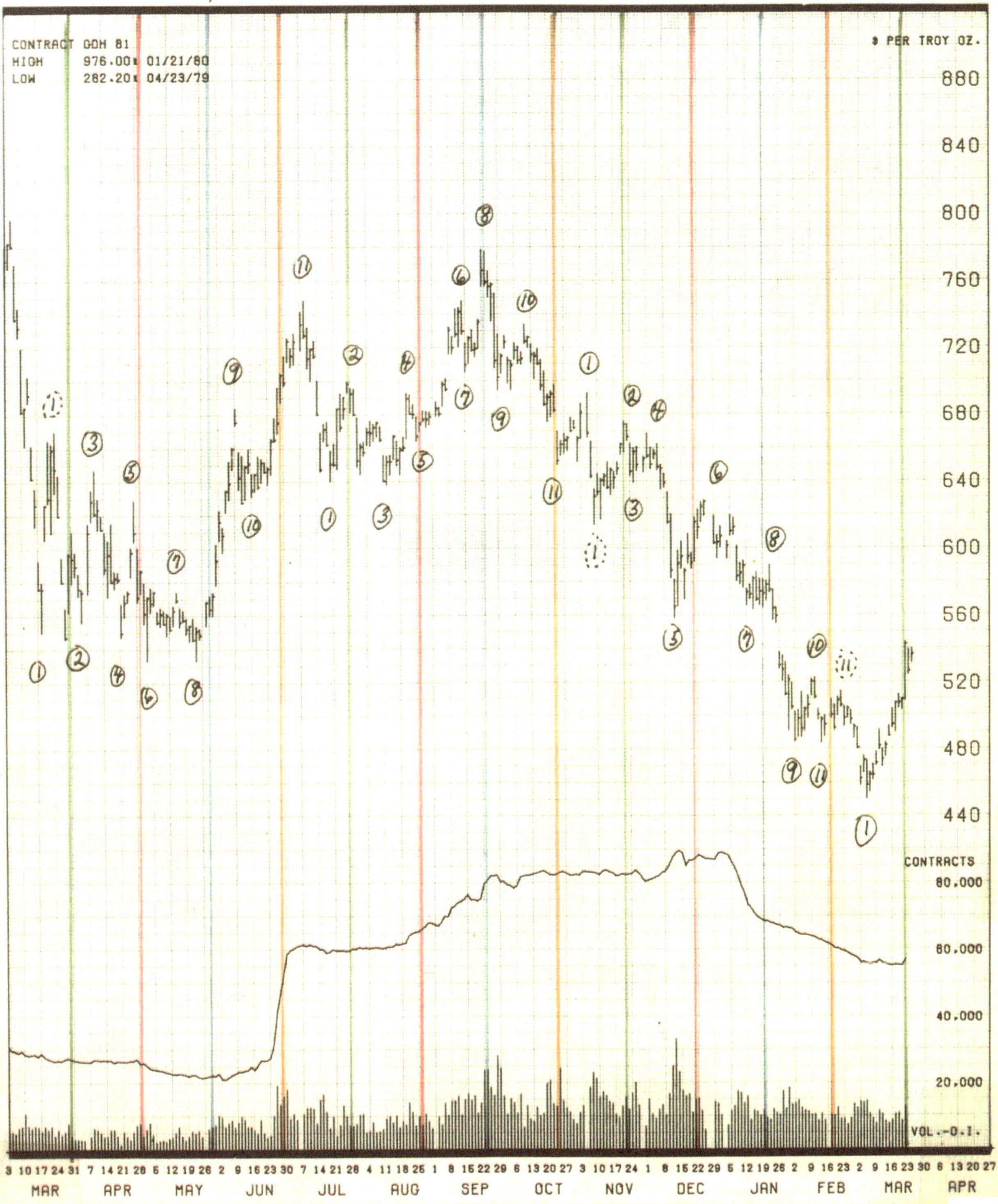

53

黄金

1982年3月

国际货币市场（InternationalMonetaryMarket）

《商品观察》（*Commodity Perspective*），芝加哥，伊利诺伊，60604

GOLD

MARCH 1982

International Monetary Market

COMMODITY PERSPECTIVE/CHICAGO, ILLINOIS 60604

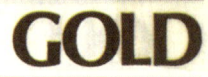

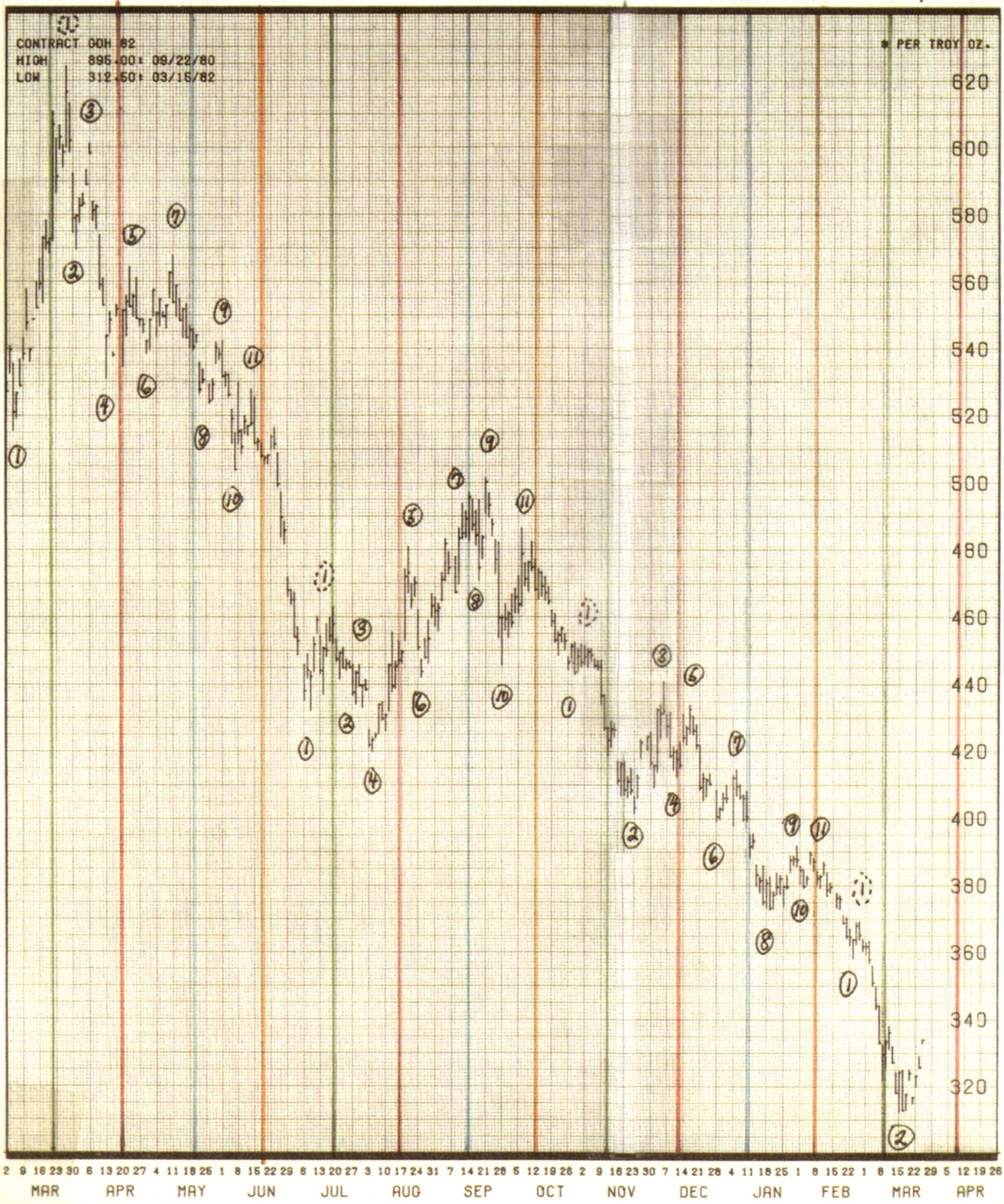

黄金

1983年3月

国际货币市场（InternationalMonetaryMarket）

《商品观察》（*Commodity Perspective*），芝加哥，伊利诺伊，60604

GOLD

MARCH 1983

International Monetary Market

COMMODITY PERSPECTIVE/CHICAGO, ILLINOIS 60604

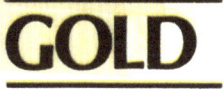

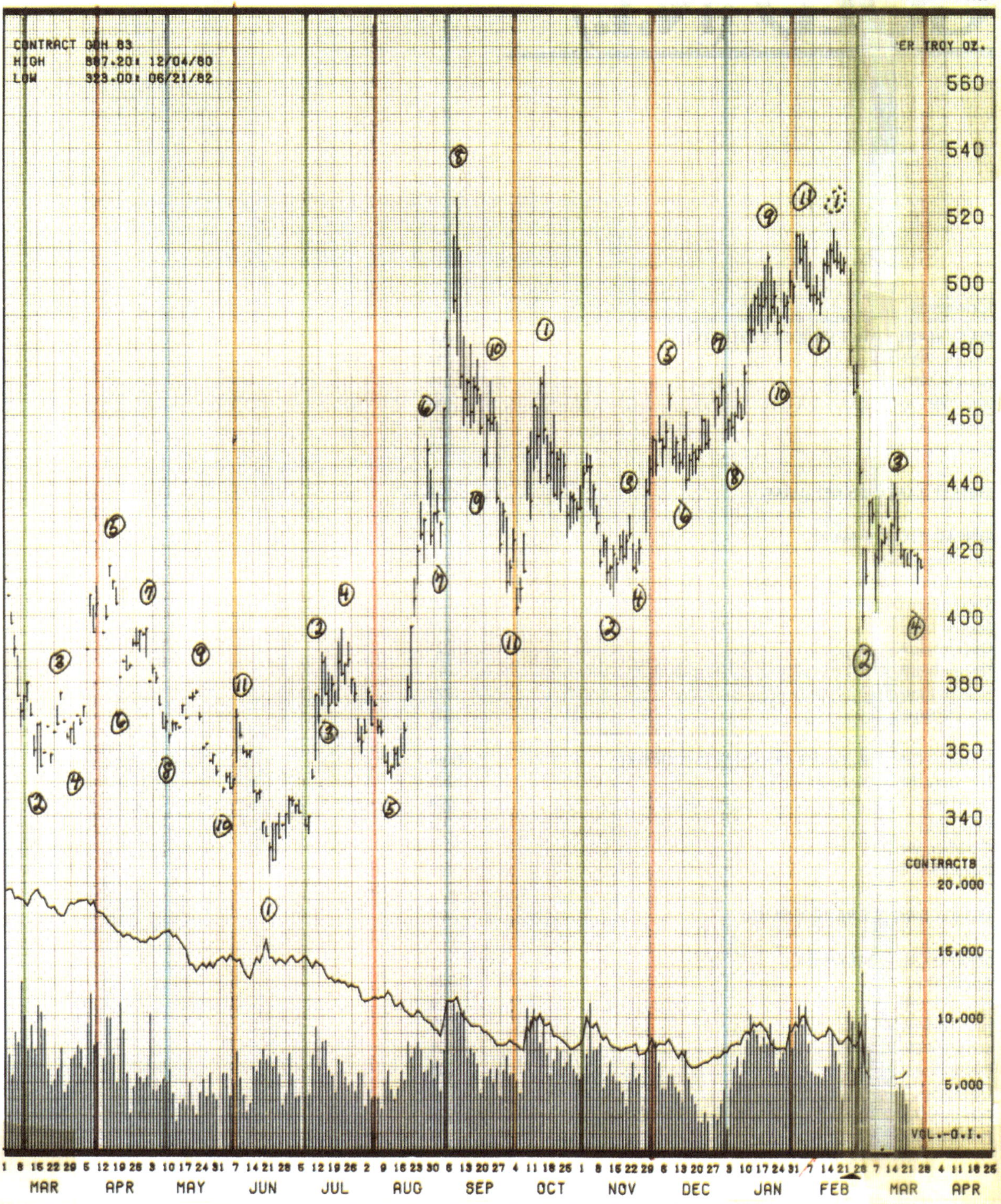

三角洲理论

做完以上的工作后，我决定开始解决吉姆没有解决的Delta市场。当然，这要比仅仅用吉姆的方案验证过去的市场难得多。我实际上觉得这是个激发斗志的挑战。但熟能生巧，做上几次就容易了。显然，只有一个正确答案，因为倒转只能在彩线的相应位置出现。一旦你发现了倒转的位置，其他的自然而然就迎刃而解了。我过会儿教你发现任何市场Delta方案的诀窍。

我找到25种主要商品的Delta方案后，接下来要做的就是把图里的数据转换成数字分析格式，可以让计算机进行分析。我设计了一个模型，把Delta点列在页面顶部（X轴上），把每个数列开始的日期放在左边的竖轴上。

每个Delta转折点根据最近的彩线确定位置。拿黄金来说，点1在橘黄色线后面，如果点1超过橘黄色线6天后出现，那个点就是O+6，计算机就处理为O6；点4在红线的左边，红线之后9天就表示为R9。下面就是中间期Delta黄金图的完整数字分析。然后我让程序员TomBerry设计了一个程序，运行出了下面的结果。

（1）每个Delta转折点与指定彩线相差天数的平均值。我决定选取92%的点，舍弃离平均值最远的8%的点，我认为这样得出的平均值更真实，不受市场偶尔失常的异常影响。淘汰的点用星号（*）标记。横排（"平均值"）表示每一点距离指定彩线的平均时间差，就是平均点。

（2）将来这一点出现的时间在平均点前后两天的概率，在横排表示为MP2+/−2，指每一点出现这个概率的百分比。

（3）将来这一点出现的时间在平均点前后三天的概率，

三角洲理论

在横排表示为MP3+/－3，指每一点出现这个概率的百分比。

黄金

	PT 1	PT 2	PT 3	PT 4	PT 5	PT 6	PT 7	PT 8	PT 9	PT10	PT11
1975.5	O 6	G -1	G 6	R -9	R 0	R 6	B -3	B 4	B 16*	O -1*	O 4
1975.9	O 5	G 2	G 8	R -7	R 2	R 7	B -9	B 0	B 1*	O -8	O -5
1976.12	O 1*	G 2	G 12	R -3	R 7	R 12	B -5	B 0	B 2	O -7	O -1
1976.4	O 9	G 8	G 13	R 3*	R 6	R 14	B -3	B 7	B 13	O -1	O 2
1976.8	O 12	G 3	G 6	R-10	R 0	R 5	B-12*	B 6	B 9	O -9	O -5
1977.12	O 9	G -1	G 3	R -8	R -5*	R 3	B-13*	B 1	B 6	O-10	O 1
1977.4	O 7	G -3*	G -1*	R -3	R 1	R 10	B -4	B 3	B 12	O -6	O -4
1977.8	O 4*	G 4	G 5	R -8	R 4	R 7	B -2	B 1	B 10	O -4	O 1
1977.12	O 8	G -3*	G 7	R-13	R 1	R 12	B -2	B 1	B 9	O -4	O 2
1978.4	O 7	G 2	G 9	R-10	R 7	R 15	B 0	B 8*	B 14	O -3	O 8*
1978.8	O 10	G 5	G 12	R -5	R 6	R 8	B 2	B 3	B 10	O -6	O -4
1979.12	O 11	G 5	G 11	R 2*	R 9	R 15	B -1	B 2	B 9	O -6	O 2
1979.3	O 9	G 3	G 6	R -3	R 6	R 12	B -1	B 2	B 11	O -7	O 0
1979.7	O 11	G 5	G 12	R -4	R 3	R 4	B -3	B 1	B 3	O -1*	O 3
1980.11	O 14	G 4	G 11	R-10	R 3	R 7	B -9	B -4	B 3	O -7	O 3
1980.3	O 12	G 4	G 8	R -6	R -2	R 2*	B-10	B -4	B 8	O -8	O 7*
1980.7	O 15	G 0	G 11	R -4	R -1	R 13	B -6	B -1	B 4	O -9	O 1
1980.11	O 10	G 0	G 3	R-11	R -6*	R 3	B -5	B 2	B 11	O -5	O -3
1981.3	O 11	G 8	G 12	R -4	R 3	R 8	B -6	B 5	B 9	O -8	O -3
1981.7	O 15	G 7	G 8	R -8	R 3	R 7	B 0	B 3	B 5	O-10	O -4
1981.11	O 12	G 8	G 17*	R -1	R 3	R 11	B -3	B 7	B 14	O -3	O 1
1982.3	O 12	G 5	G 11	R -7	R 3	R 6	B -6	B 1	B 9	O -3	O 1
1982.7	O 11	G 5	G 7	R-10	R 5	R 16*	B -4	B 3	B 11	O -7	O 1
1982.11	O 9	G 9	G 14	R -5	R 5	R 10	B -1	B 3	B 13	O -4	O 1
1983.2	O 8	G 2	G 12	R -3							
1983.6											

	PT 1	PT 2	PT 3	PT 4	PT 5	PT 6	PT 7	PT 8	PT 9	PT10	PT11
平均值	O 10	G 4	G 9	R -7	R 3	R 9	B -4	B 2	B 9	O -6	O 0
MP2 +-2	O 10 / 70%	G 4 / 61%	G 9 / 43%	R -7 / 39%	R 3 / 55%	R 9 / 41%	B -4 / 59%	B 2 / 70%	B 9 / 50%	O -6 / 68%	O 0 / 55%
MP3 +-3	O 10 / 78%	G 4 / 65%	G 9 / 78%	R -7 / 70%	R 3 / 77%	R 9 / 64%	B -4 / 73%	B 2 / 78%	B 9 / 59%	O -6 / 91%	O 0 / 73%
MP4 +-4	O 10 / 87%	G 4 / 87%	G 9 / 87%	R -7 / 91%	R 3 / 91%	R 9 / 73%	B -4 / 82%	B 2 / 83%	B 9 / 73%	O -6 / 100%	O 0 / 91%
AR	21	23	28	27	22	32	25	21	28	19	24

黄金总计
MP2%=56 MP3%=73 MP4%=86 A.R.=25

三角洲理论

（4）将来这一点出现的时间在平均点前后4天的概率，在横排表示为MP4+／−4，指每一点出现这个概率的百分比。

（5）精确度。我还想知道"某一个点历来离平均点的平均距离，按天计算"，横轴的精确度（AR）解决了每个点的这个问题。找出某转折点以前发生的日期，计算这一天与平均天相差的天数，把所有这些天数加起来，再除以该点以前实际出现的次数，最后乘以10，就得到了精确度，结果是个两位数。例如，黄金的点1是21，就是说，黄金所有的点1离平均点平均相差2.1天。

（6）商品（或股票）评估最后这个答案与数列里的所有点（这个例子里是11个点）都有关系，这是每种商品根据以上计算得出的结果。对MP2来说，结果就是所有11个点的平均MP2，分析的结尾显示MP2%＝56。

整个数列最重要的结果就是AR＝25，也就是说，数列里所有11个点与每个平均点平均相差2.5天。用这个结果就可能在一个标准的尺度上比较每个商品和其他商品的精确度。

翻过来一页就是按照精确度（AR）大小顺序对25种商品的排序，每一栏的末尾就是这一栏所有商品的平均值。25种商品的平均精确度是2.7，即与平均天相差2.7天。再看看黄金，精确度是2.5，很接近平均值2.7。我相信这个2.7能代表所有市场，用Delta计算出来的中间期分析周期的市场都是这个结果。

这时我让TomBerry设计程序，能够列出不限过去和将来时间的中间期Delta点（平均日期），并且包含每个点的上述所有信息。这个表每年都发给Delta学会国际成员，供他们来

三角洲理论

年使用。

按照精确度排序的中期Delta商品

商品	+/−2 天数	+/−3 天数	+/−4 天数	精确度
英镑	64%	77%	90%	22
标普	57%	80%	94%	22
生猪	59%	73%	87%	23
木材	57%	73%	88%	24
咖啡	54%	76%	88%	24
猪肚	56%	76%	87%	24
黄金	56%	73%	86%	25
白糖	52%	66%	82%	26
白银	54%	68%	79%	27
橙汁	49%	67%	83%	27
日元	46%	70%	90%	27
大麦	50%	68%	78%	28
铜	50%	65%	81%	28
长期国债	50%	64%	77%	28
德国马克	46%	62%	79%	29
小麦	47%	64%	77%	30
棉花	48%	62%	76%	30
大豆	47%	63%	78%	30
瑞士法郎	47%	63%	77%	31
短期国债	47%	62%	74%	31
牛	45%	61%	75%	31
玉米	43%	58%	72%	32
民用燃料油	49%	64%	75%	32
可可粉	40%	58%	76%	33
加元	40%	54%	68%	34
平均	51%	68%	81%	27

第四章
板 块

我觉得Delta理论最有意思的是，同一板块的商品或股票有相同的Delta方案！这不仅有意思，而且简直是天上掉馅饼的事。我想强调的是有时候可以把股票当做利率市场。当然，这也适用各种商品。

（1）纽交所的所有股票分属60个不同板块。

（2）一个板块的Delta方案，适用于板块里的所有股票。

也就是说，如果找到了全部60个板块的方案，也就找到了每个股票的方案！

我东打听西打听，终于知道只有一家有这些股票板块的历史数据，但是却得知这些数据不供外售！即使如此，经过几周的谈判和法律合同拟订，等等，我得到了全部60个板块的历史数据库，而且数据的格式转化一下IBM个人电脑就能处理了。不提花了多少钱，但我敢说，卖方很有资格向人炫耀！

现在这套数据有了两份，但卖家只有一个，因为我不得不答应不出售数据库。（别问我从哪买！）

我说过了，同一板块的Delta方案对该板块里的每个股票和商品都适用。但是，在每种股票和商品上一一运行板块方案，然后分别作出各自的数字分析，就能提高精确度。

（1）粮食、大豆粉、大豆油；
（2）黄金、白银和铜；
（3）股票市场指数；
（4）长期国债、短期国债、欧元；
（5）生猪和猪肚；
（6）瑞士法郎和德国马克；
（7）石油板块；

注意："板块"未列出的任何一种商品都有自己独特的方案。

每种股票或商品的每个Delta分析周期都显示了自身独特的Delta方案。例如，中间期Delta长期国债的数列点数和点1的位置，与其他分析周期的就不一样，也与任何其他商品和股票的不一样。我还没见过同板块同一分析周期上的两个商品有完全相同的方案。

例如，长期国债的（中间期Delta）方案与（中期Delta）、（长期Delta）、（超长期Delta）、（短期Delta）的方案就不同，与其他任何商品或股票的也不同！现在看看股票的一些中间期Delta方案，这次我们不看同一市场7年的数据，来看看6个市场一年的数据，6个市场代表4个板块。

汽车板块

通用公司和福特公司同属汽车板块，两家公司有相同的Delta方案：10个Delta点的数列，点1在绿线的前后，并且离绿线很近。

三角洲理论

航空板块

联合航空（UAL）和达美航空公司（DAL）代表飞机板块，他们的Delta方案一样：10个Delta点的数列，点1紧跟在绿线后面。

广播板块

美国广播电台（ABC）和哥伦比亚广播电台（CBS）代表广播板块，他们的Delta方案一样：10个点的数列，点1在橘黄线的前后，并且离橘黄线很近。

飞机制造板块

波音公司（BA）代表飞机制造商：8个点的数列，点1接近橘黄线。

下面这几张图总结了我们对中间期Delta分析周期的研究。

还记得什么是中间期Delta吗？
月亮每绕地球四周，市场正向或反向重复一次。

下次我们复习中期Delta。

1984年（中间期）通用公司

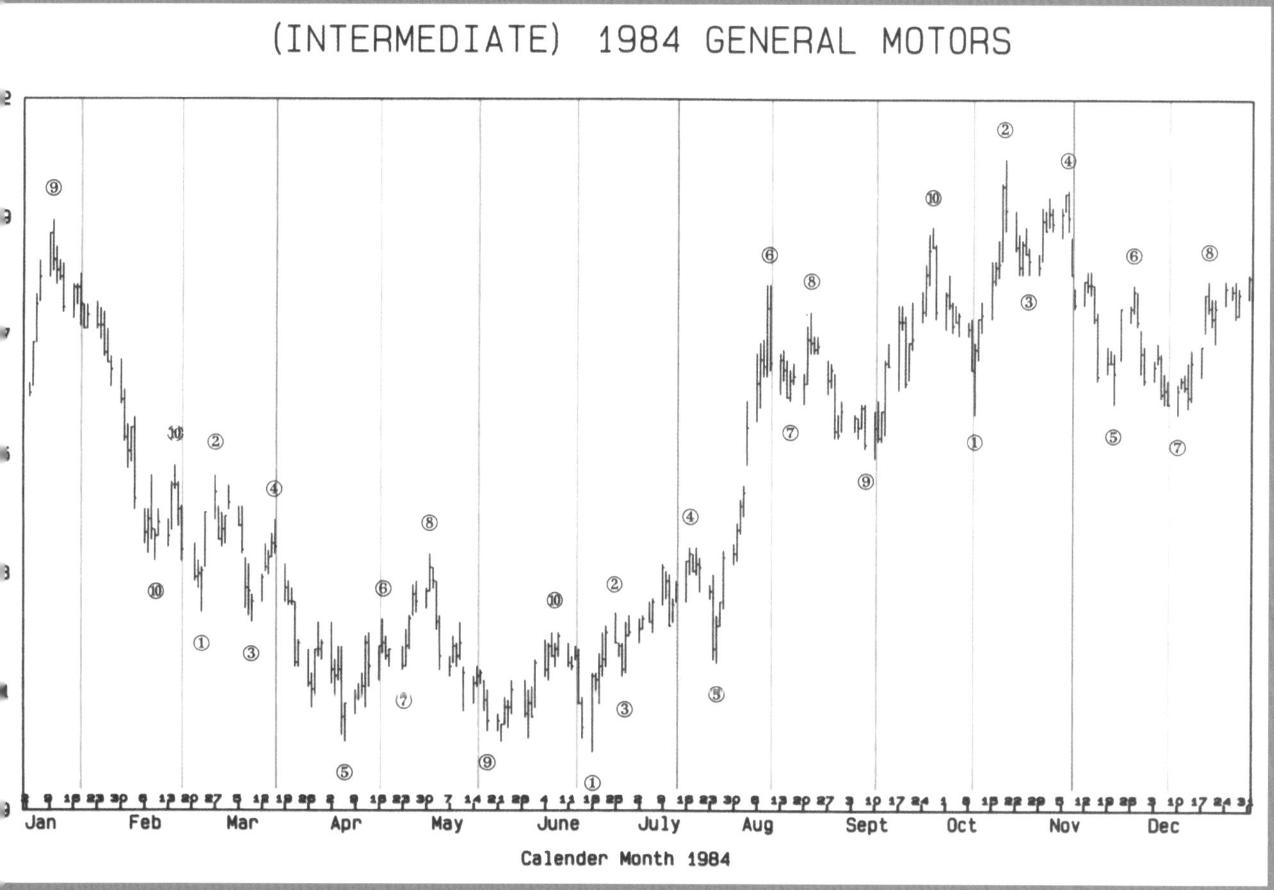

1984年（中间期）福特公司

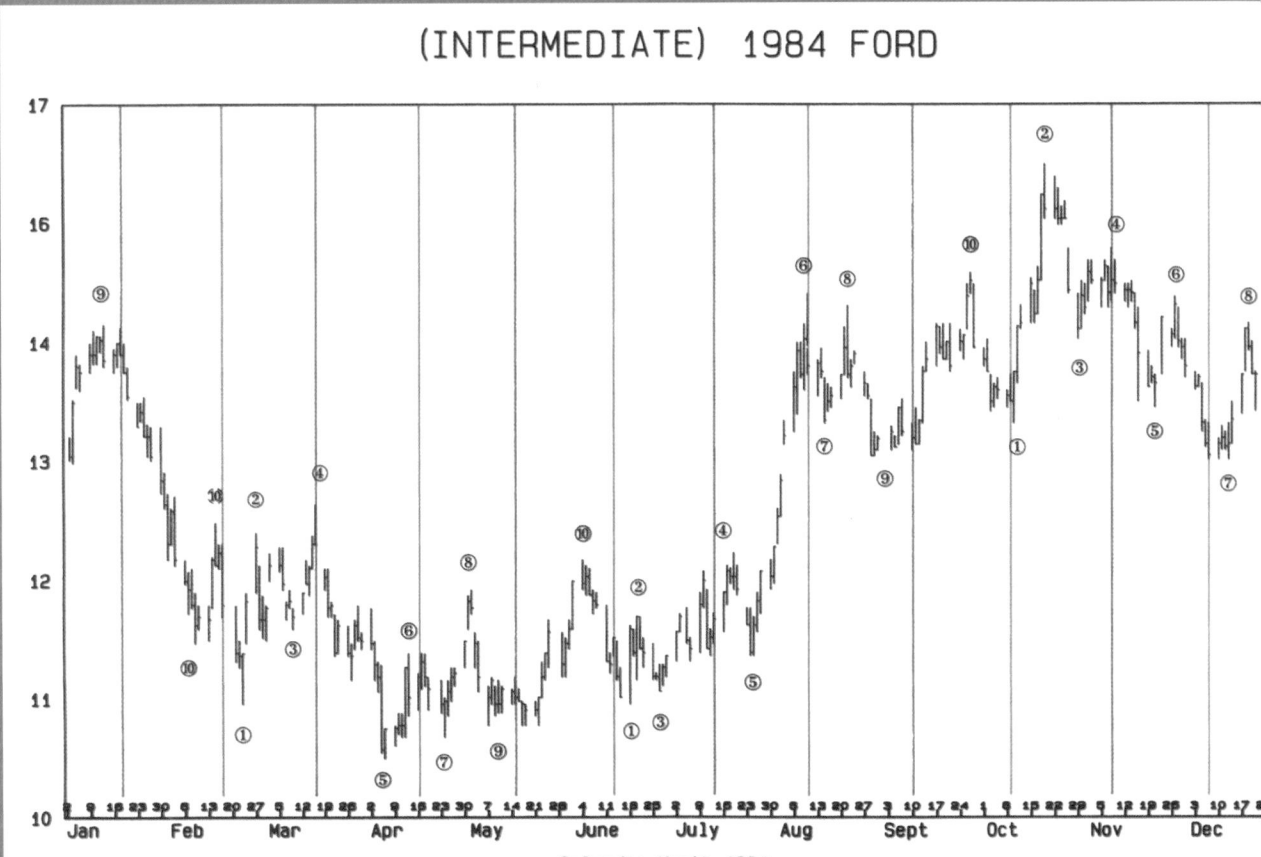

1984年（中间期）联合航空公司

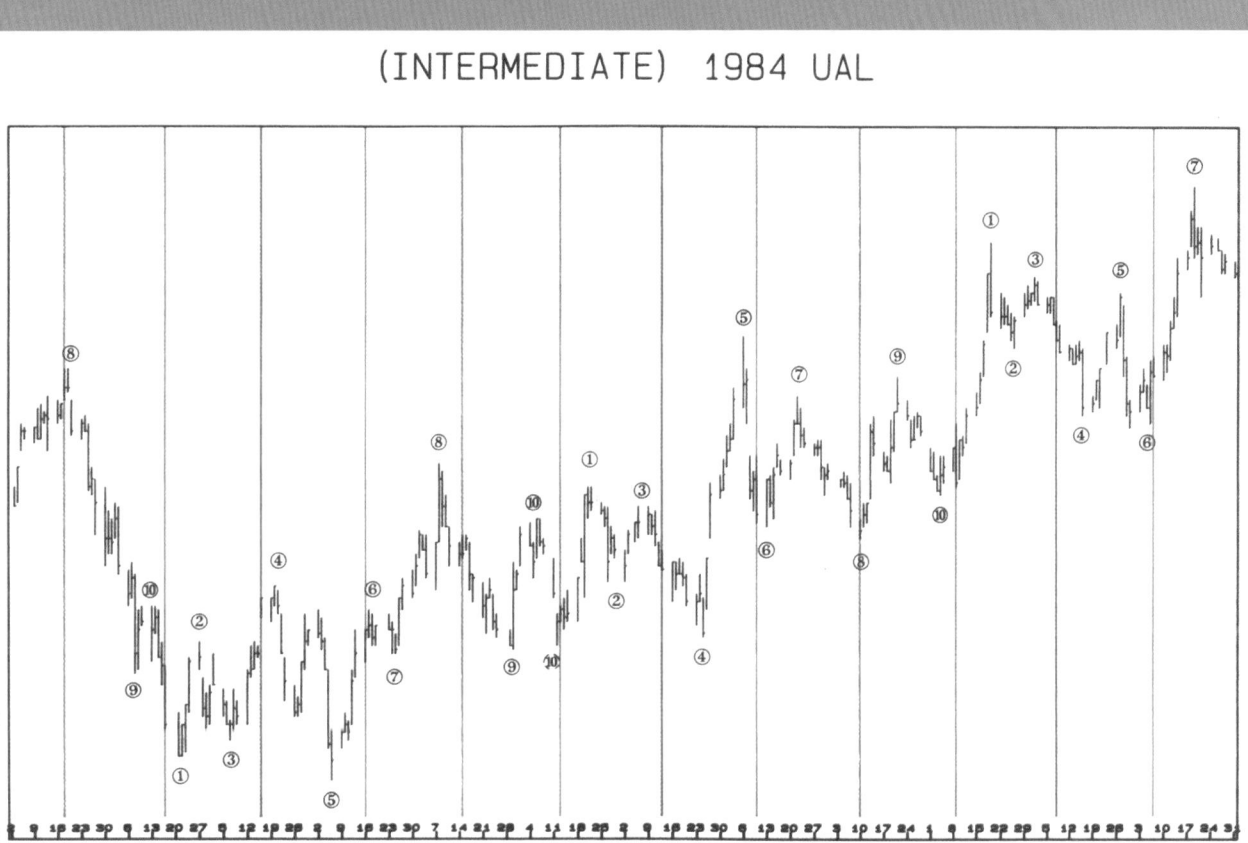

1984年（中间期）Delta航空公司

1984年（中间期）哥伦比亚广播公司

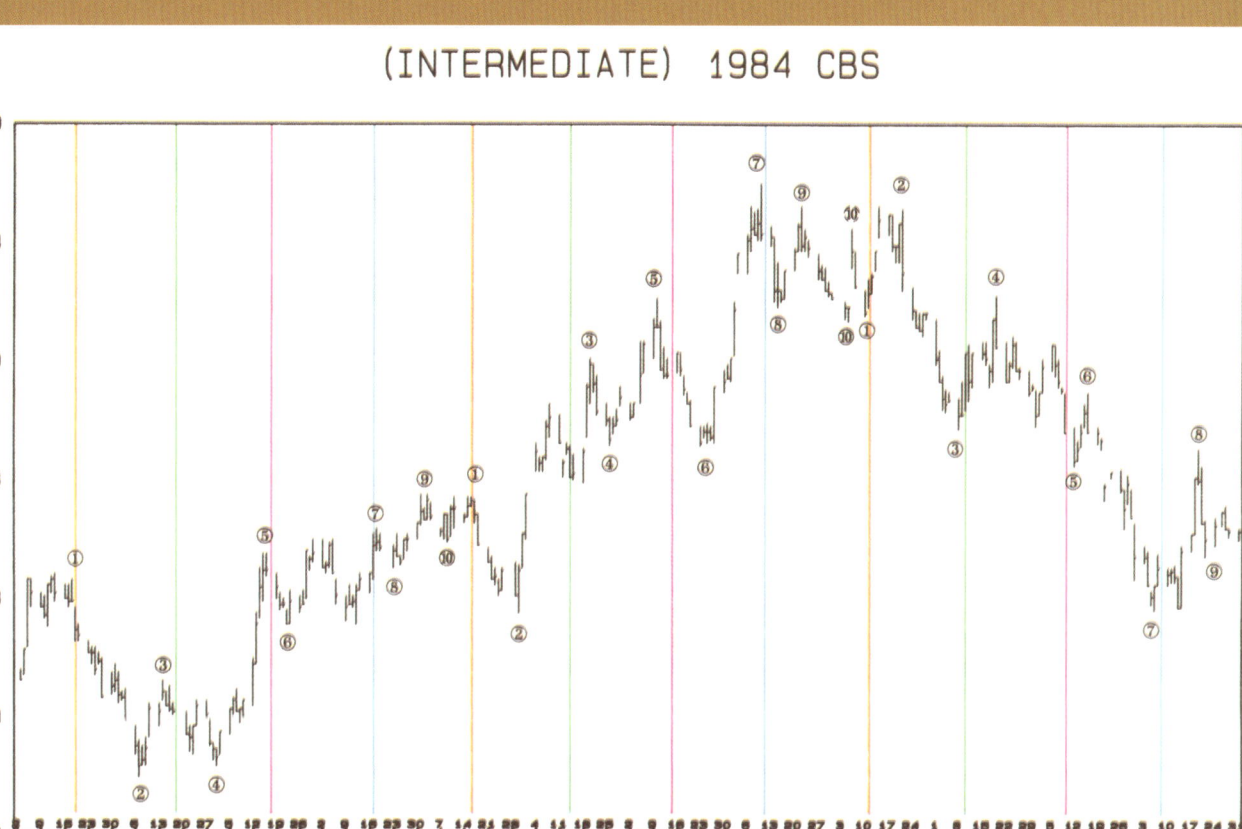

1984年（中间期）波音公司

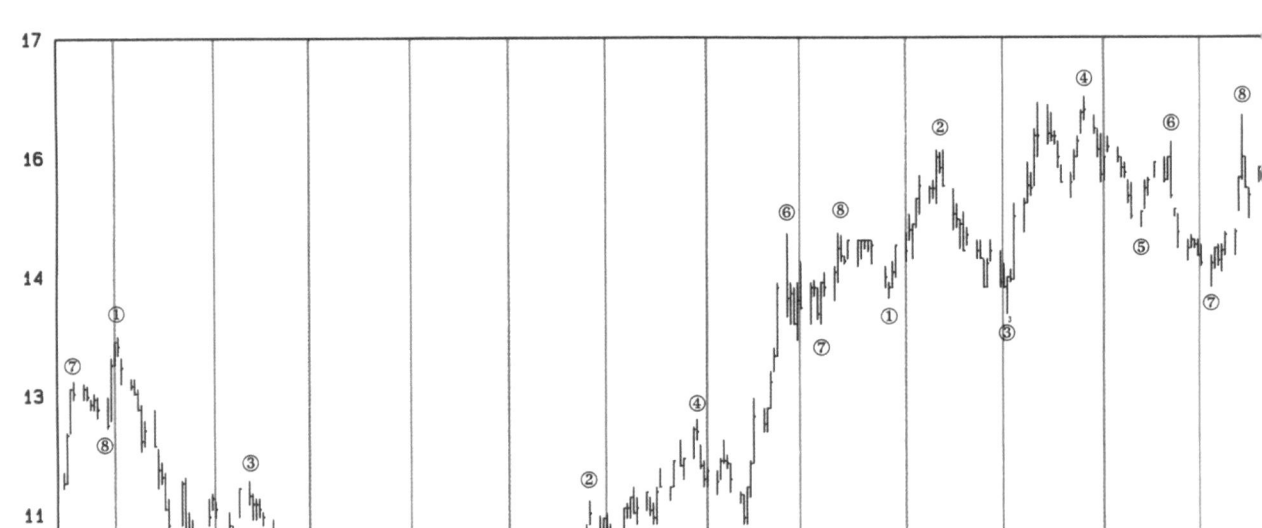

第五章
中期Delta

这次来看看中期Delta（MTD）。吉姆根据潮汐图分析出了影响潮汐的相互运动力，也就是太阳、月亮和地球每12个农历月完成一次的相互运动。12个农历月可以当做一个农历年。

吉姆虽然没有在图上研究，但肯定这个分析周期会构成Delta数列，所有市场都与之吻合。

我从伦敦会议回到家后，就让TomBerry用现有的电脑程序在图上画出四条彩线，这个程序可以输出每周价格条状图。他可以从四种颜色中随便挑一个颜色开始加，但次序不能乱，第三个满月日全部要加上颜色。

现在要搞清楚一点，满月并不神奇。在中间期Delta（ITD）和中期Delta（MTD）中，彩线在满月、新月、3/4月或其他任何时候，都无关紧要。重要的是确定时间，所有颜色必须一直在每个月周期的同一位置上。

满月日很容易确定，大多数普通的日历上都有，所以我们选这一天加上颜色。可以从日历上标出将来100年的满月日。

第一张图是飞机板块，纽交所60个板块里的一个。

(MEDIUM TERM)

9 - 1985 AEROSPACE

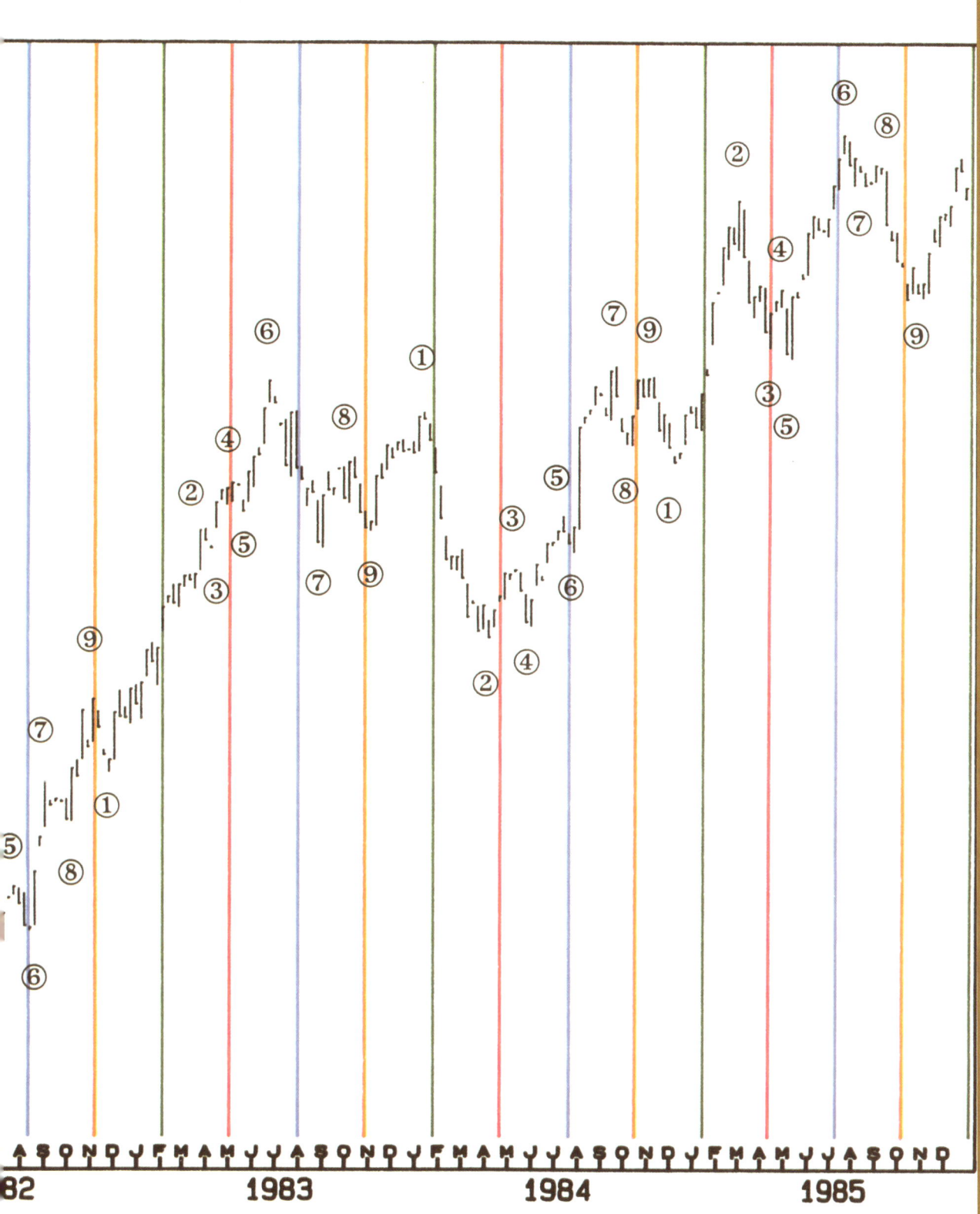

'9 TO 1985

三角洲理论

上一页是纽交所飞机板块的Delta方案，这个板块所有股票的中期Delta方案都一样。

但还要注意这个方案里没出现倒转，这很重要。我知道你想问："如果没有倒转，怎么能肯定点1的位置？"

问得好。这种情况很少发生，但偶尔也会出现。比如，生牛的长期Delta方案用了20世纪60年代至今的数据，但到目前为止没发生过倒转；超长期Delta股市指数用了1790年至今的数据，200年来股市还没有出现过倒转。

但是，问题的答案是：没出现倒转之前，方案都不是太肯定。但我相信这个方案是正确的，原因就是点1前后的重大变动，但重要底部都不在点1，我还是不能100%确定。

如果不发生倒转，我就把点1放在重大运动开始的地方；否则，就把点1放在重要底部。如果做到这两点，差不多可以肯定方案是正确的。

我认为1984年后完全有机会发生倒转，但我会以这张图为例讨论"没有倒转"该怎么办。

注意中期Delta（MTD）分析周期用的是周价格条状图，而中间期Delta（ITD）分析周期用的是日价格条状图。

下面要看的中期Delta图依次是小麦、棉花和可可粉。

因为出现了几次倒转，所以我们对方案很肯定。注意点1的三个重要底部和各个点1左右的重大运动。

三角洲理论

每个图的下面有数字分析。

小麦（包括数列的所有点）的精确度是17，因为我们用的是周图，所以是1.7周。

换句话说就是，小麦每个中期Delta点距平均点的平均时差是1.7周。

前面说过，点会因为重大运动而推迟；重大移动的反方向点则会提前。在交易章节中，知道了这个就方便判断精确度。

我们用中期Delta的定义作为这一章的结尾。

市场每12个月正向或反向重复一次。

(MEDIUM TERM) 1979

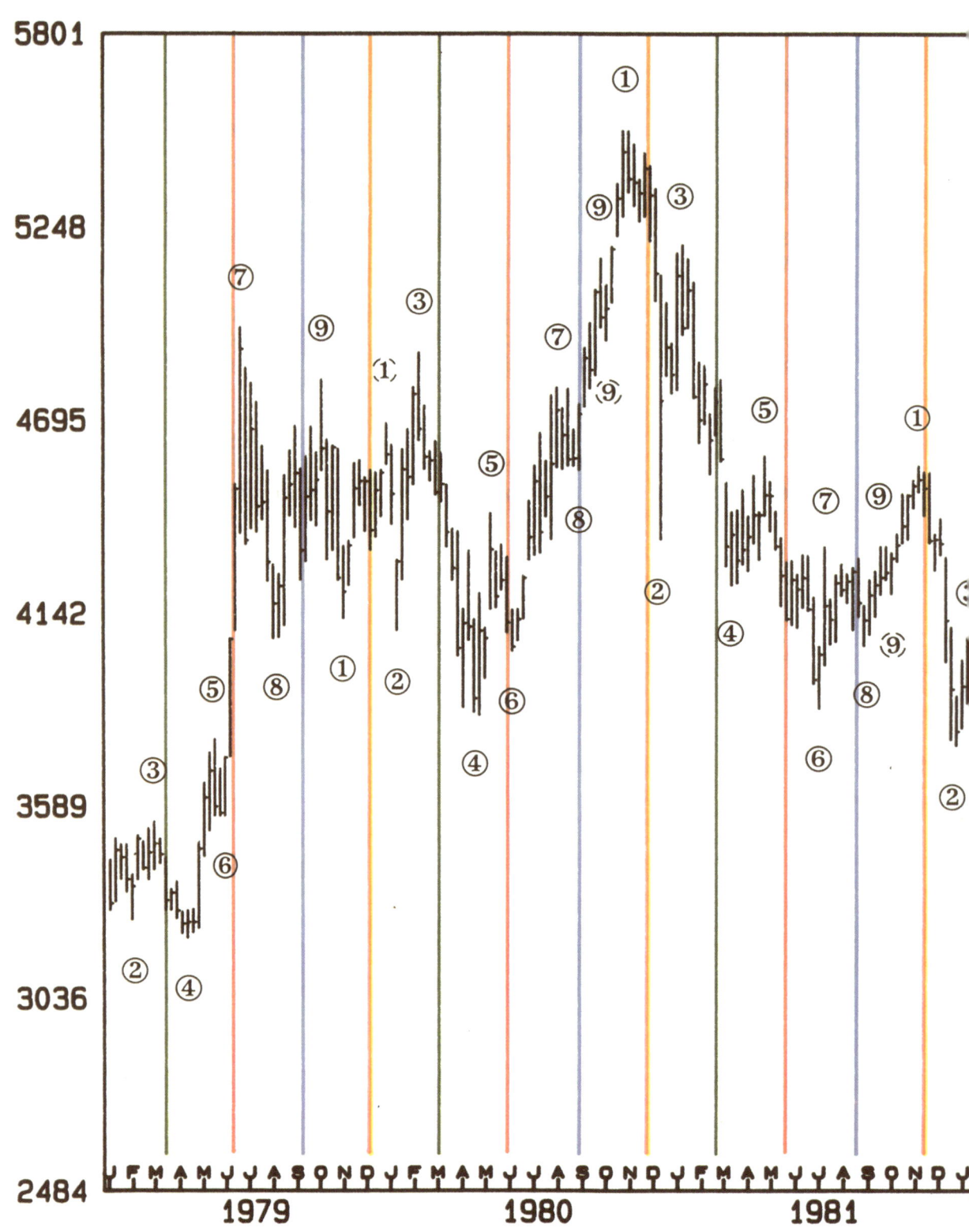

85 CBT WHEAT

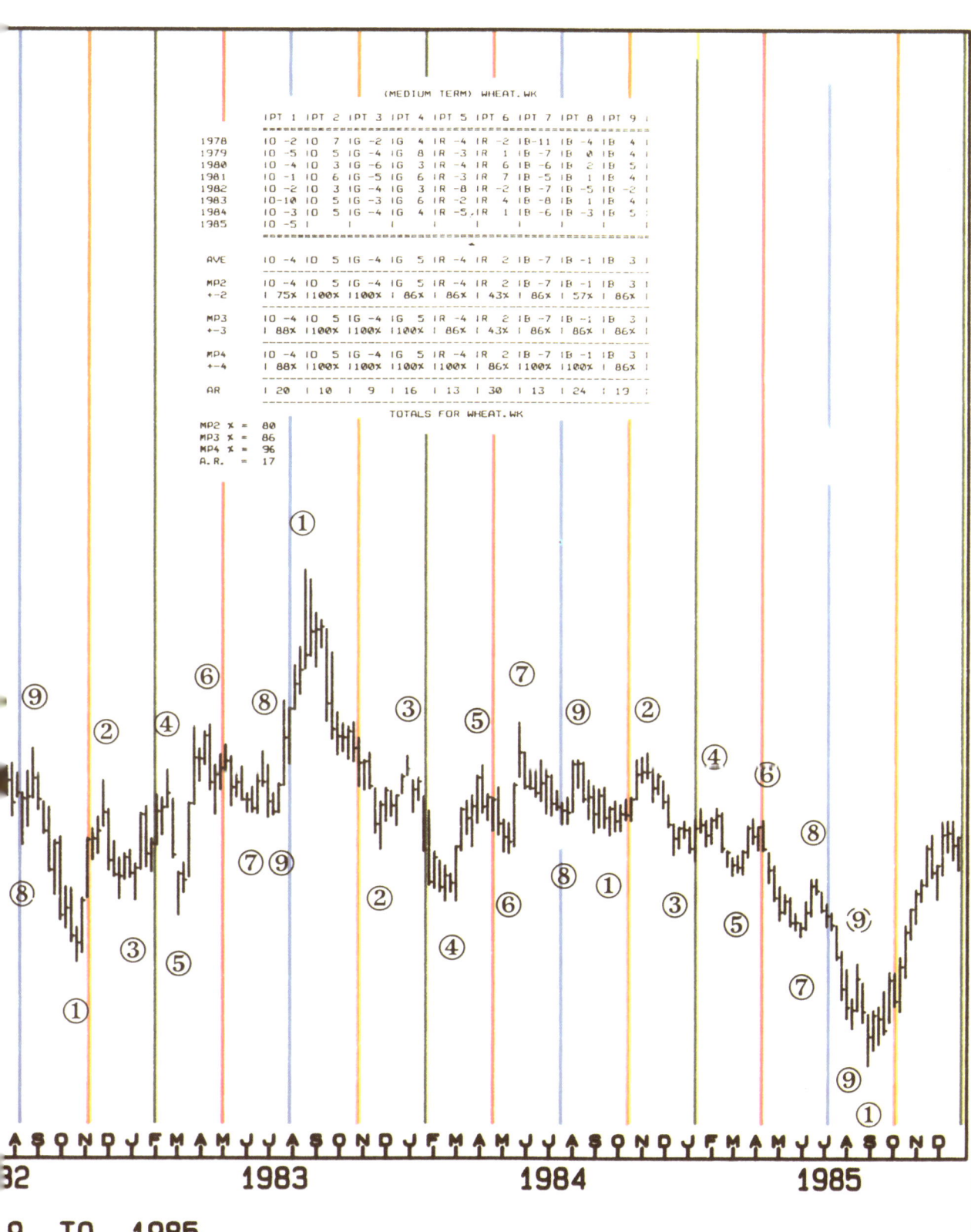

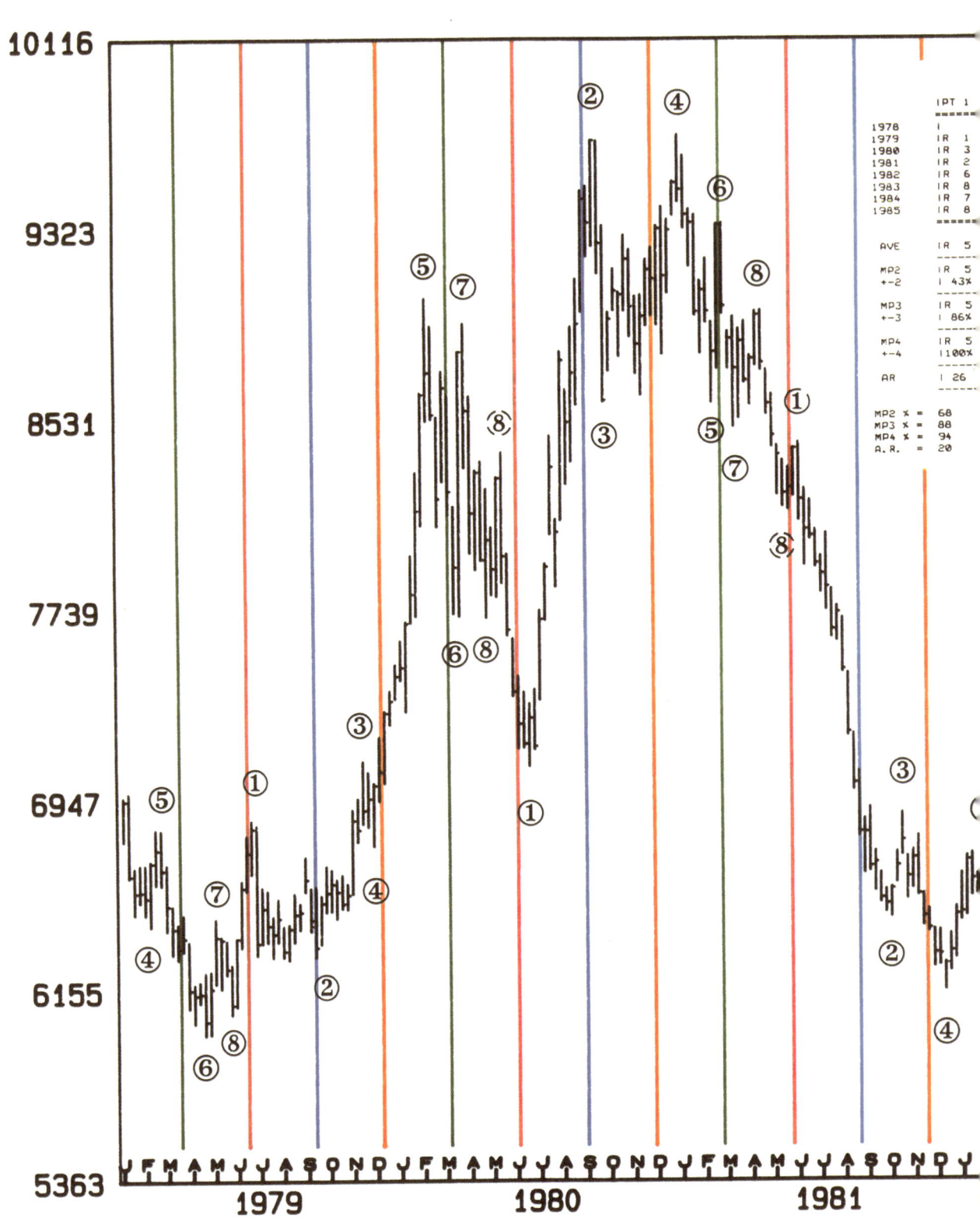

85 COTTON #2

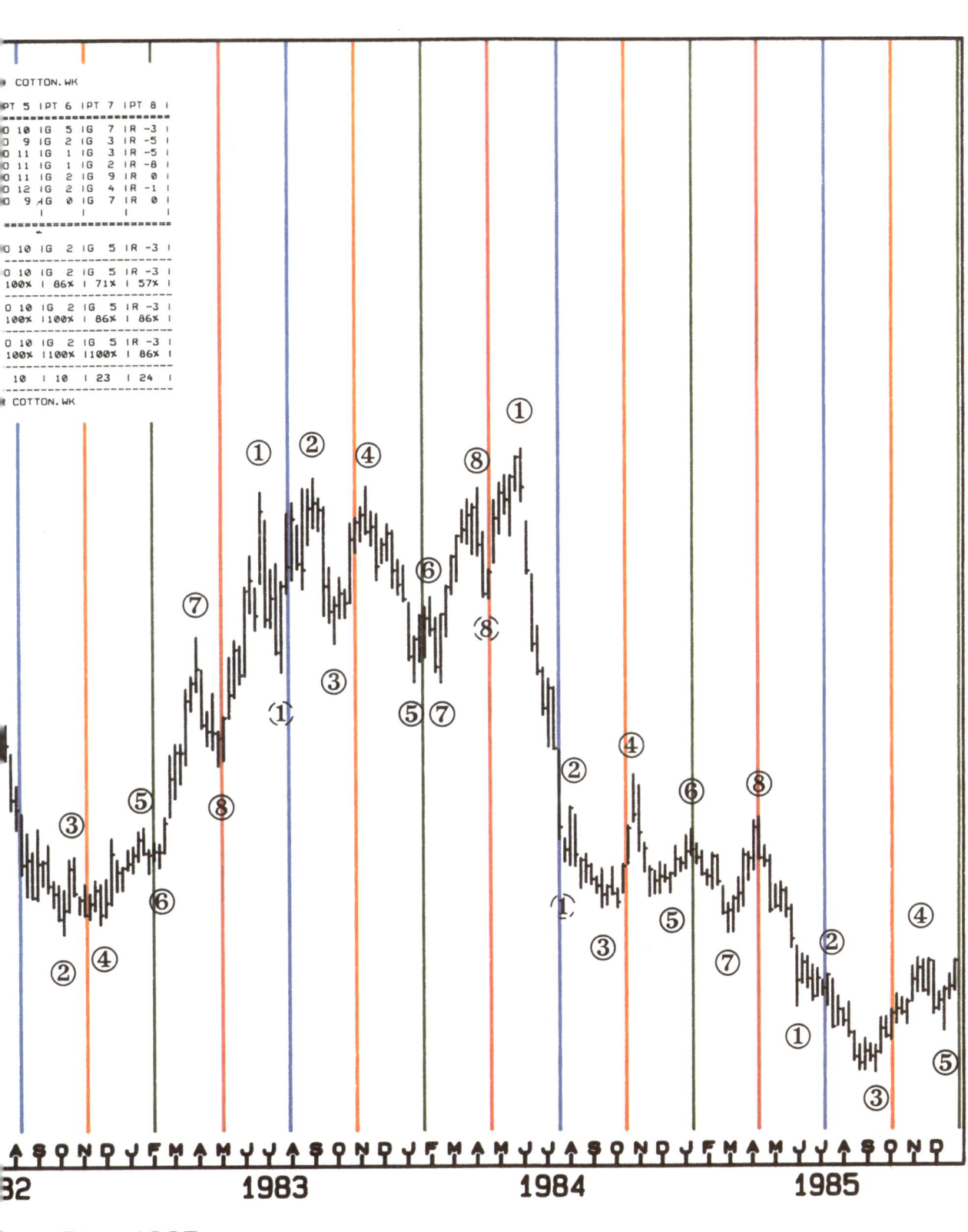

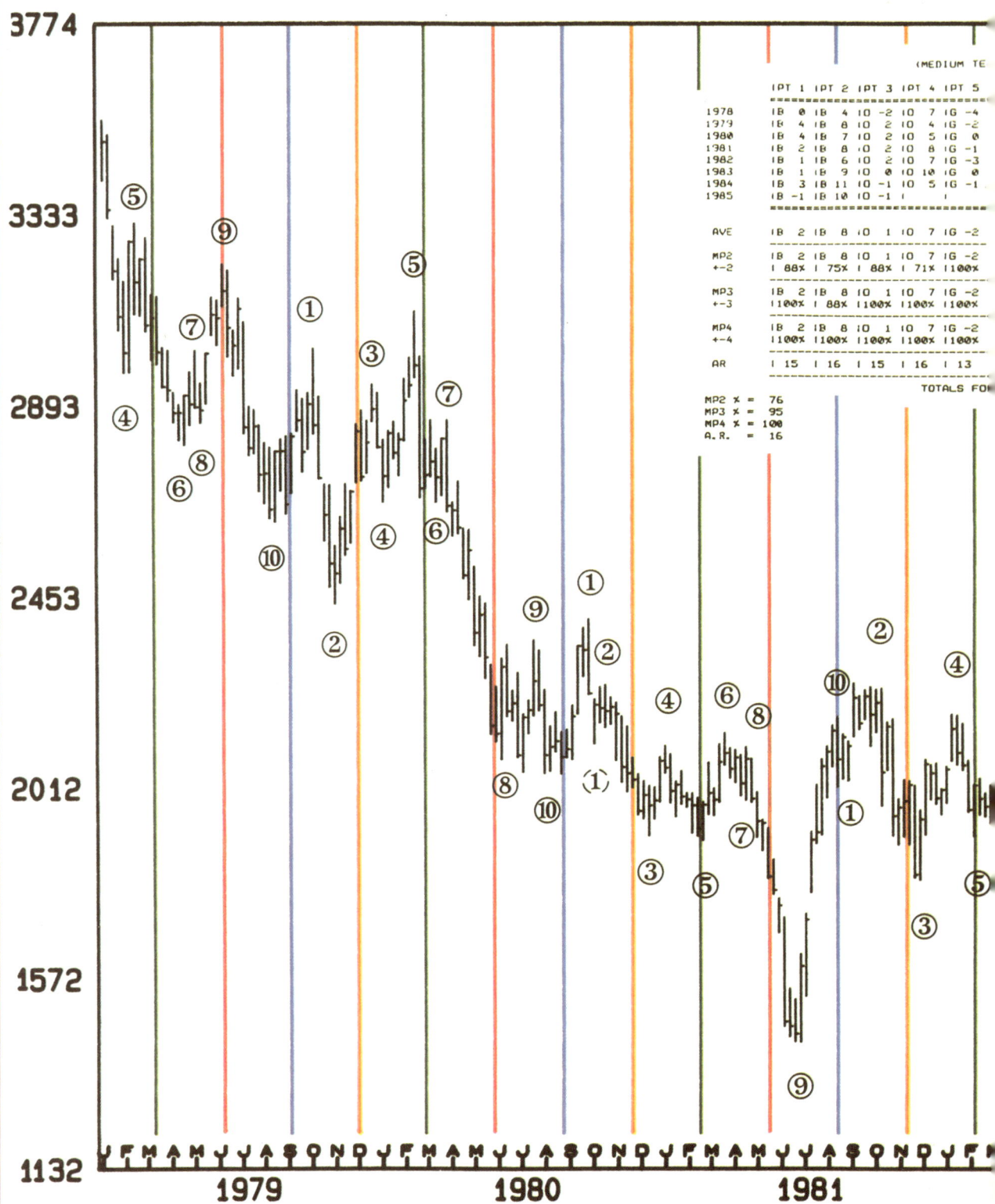

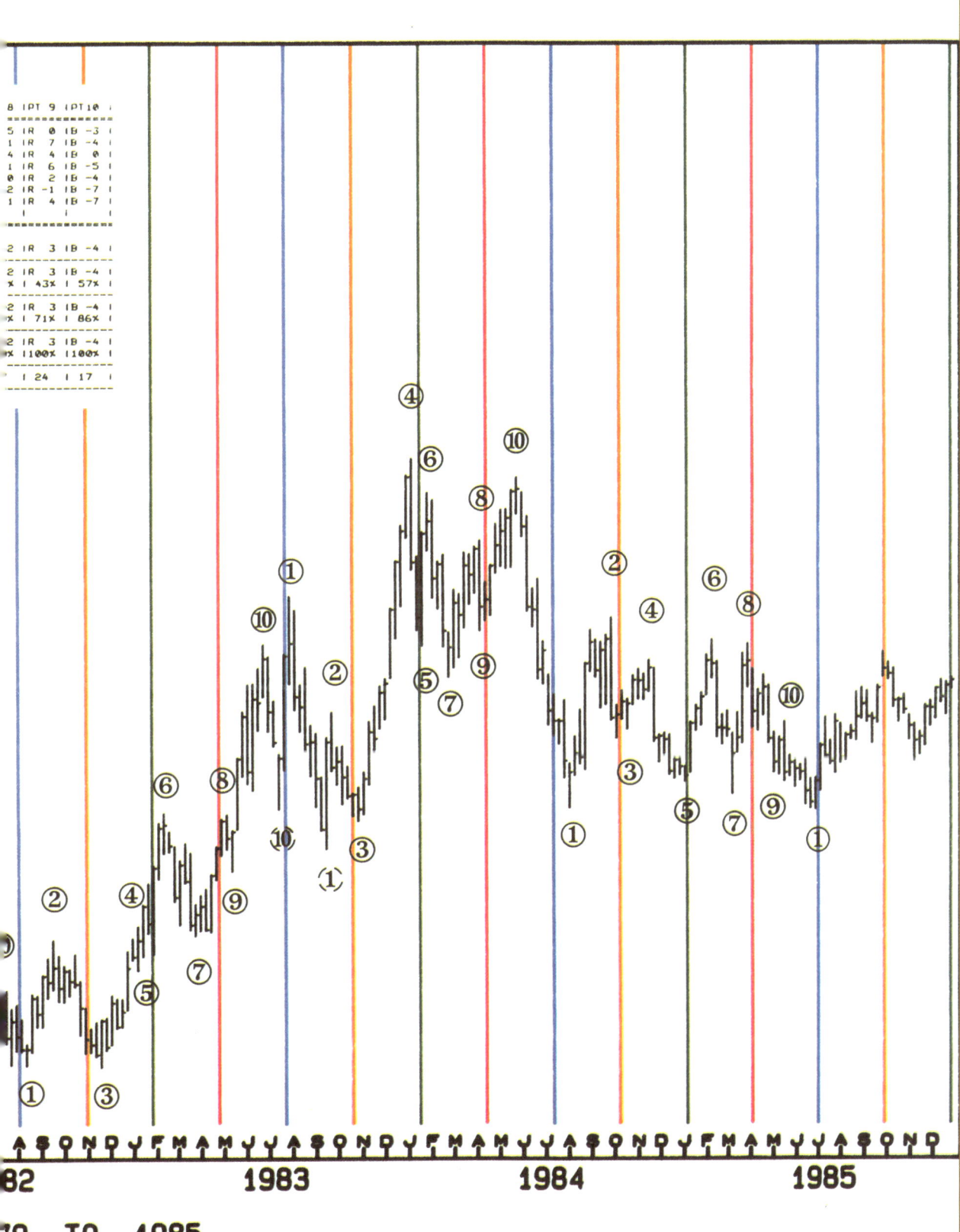

三角洲理论

第六章
长期Delta

我们在这一章会多花点时间，看的长期Delta（LTD）图也比其他分析周期的多。这样做有几个原因，首先，大多数股票交易员仅使用长期Delta；再者，我猜股票交易员的数量是商品交易员的10倍，但我认为长期Delta对一般商品交易员来说也是最重要的分析周期。

长期Delta分析周期能给交易员提供交易对象更远的预测，因此，应该先研究长期Delta分析周期，它会告诉你交易的方向。我相信用长期Delta每周条状图进行预测，能给期货交易和股票交易带来最多的收益。

在每周条形图上标记了长期Delta转折点，就可以在周末从《巴伦周刊》（*Barrons*）更新图表数据，作出交易决定，给经纪人下指令，然后在下个周末前都不用操心市场了。

每周看一次周图，不会受到每日浮动、传言、时而怕输时而想赢的烦扰，这些只会妨碍交易计划的坚决执行。

长期Delta分析周期这么简单，却从来没人发现过，这让我觉得有点想不通。

市场每4年正向或反向重复一次。
（地球绕太阳每四周重复一次。）

三角洲理论

我注意到，大多数的长期Delta方案里，数列点数都是奇数，这确实掩盖了潜藏的规律，因为每个转折点如果在这个数列是高点，在下个数列就变成了低点。例如，如果点5是现在数列里的高点，在下一个数列里，它就是低点了，当然这是没有倒转的情况。如果数列里点的数量是偶数，点5是现在数列里的高点，那在后面的每一个数列里，它就一直是高点，直到倒转出现才会改变这种状况。

现在来说说最有意思的。大家留心最多的就是纽约股票市场，这个市场只有6个Delta点，50多年来没有出现过倒转。想一想，6是个偶数，50多年没有倒转。尽管如此，除了吉姆·斯罗曼，没人发现这个规律，最接近Delta的发现就是4年的商业周期！

还应该看到，在纽约股票市场（以及黄金市场），长期Delta方案里还有长期Delta方案，但这个我们等会再说。

现在我们来看一些图。寻求长期Delta方案时我用了月图和周图。对于数列里Delta转折点较少的市场，月图能看得更清楚点；数列里Delta转折点较多的话，用周图就可以了。

先看一张木材的月图，木材的月图常常会预示利率的变化。

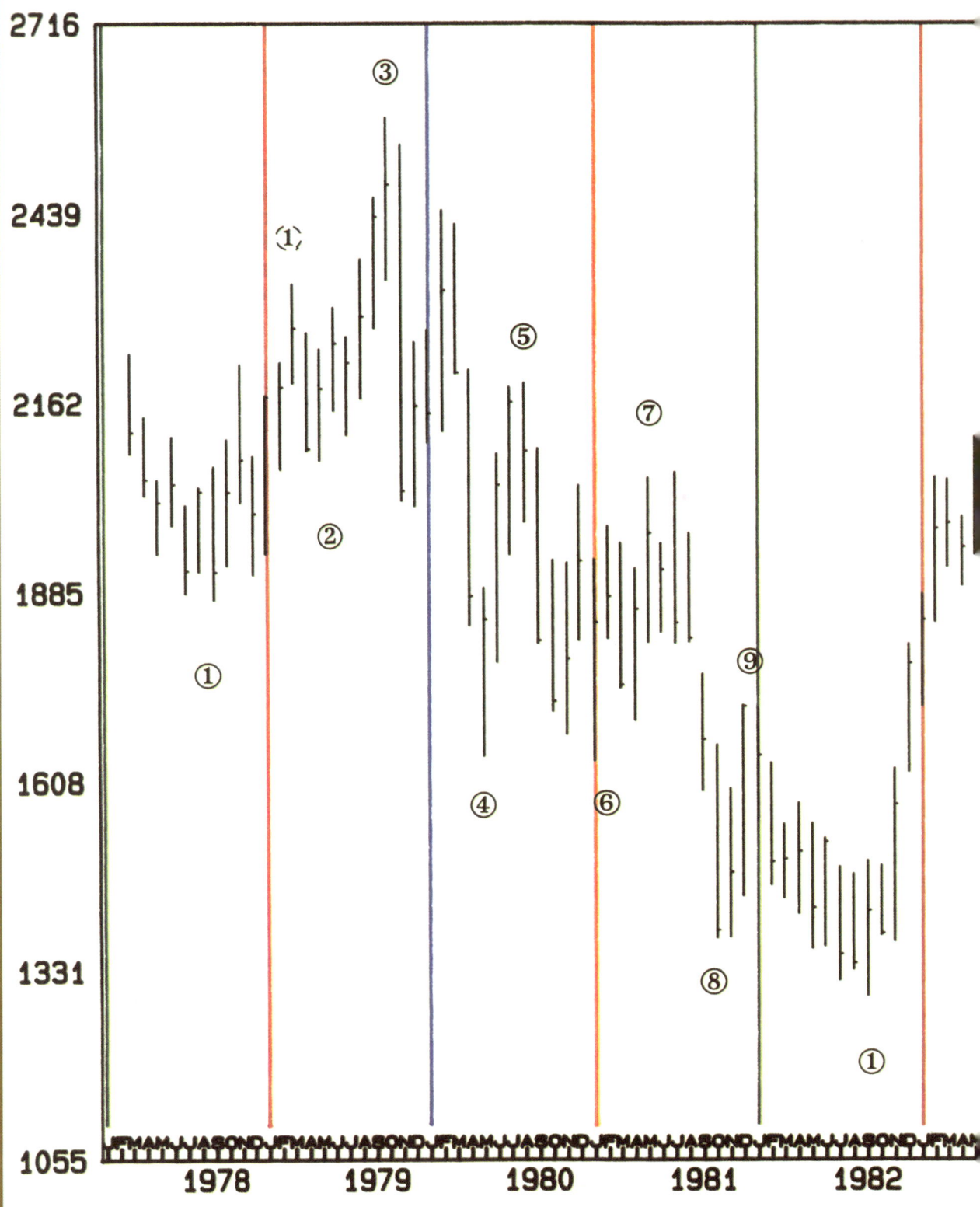

9 LUMBER

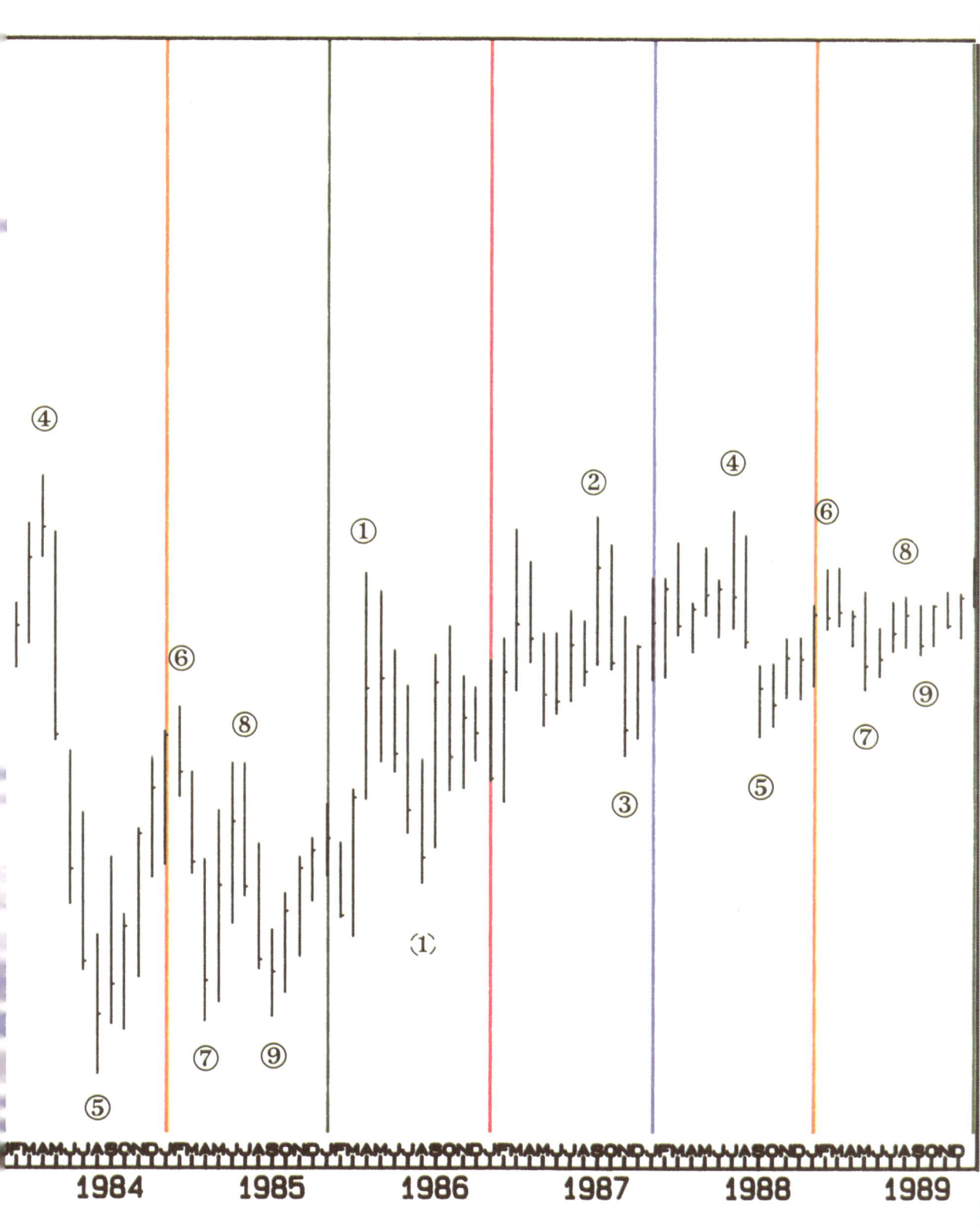

1978 TO 1989

三角洲理论

木材数列只有9个点，时间跨度是4年，就是说点之间平均相距6个月。你无疑会注意到，所有的Delta转折点都不规则，就是点之间的距离变化很大，例如，有些点相距3个月，而有些点相距12个月。

这就是我为什么不说Delta转折点是严格意义上的循环，因为数列里点的循环不规则。我知道，周期研究的基础（The Foundation for the Study of Cycles）是严格按照确定的循环进行规则循环，但是Delta分析周期基本上可以看做是规则循环。

再回来说木材，有人可能会说，每月商品（或股票）的精确度低于每周商品的精确度，因为周图里Delta转折点的数量是月图里的两三倍。

精确是相对的。实际上月图的相对精确度与周图差不多。例如，木材的平均精确度是一个月或4.3周，Delta转折点间的平均时间相差6个月或25.8周，平均时间距（4.3周）和点之间的距离（25.8周）的比率，也就是4.3除以25.8，即0.166。

现在假设另一种商品（或股票）的精确度是2周，Delta转折点之间平均相差3个月（12.9周）。再用时间距除以精确度（2.0/12.9），结果是0.155。所以说，就算每月的精确度比每周的精确度大了差不多两倍，相对精确度基本相等。

现在看看两张长期Delta周图。第一张是货币——英镑。第二张是石油板块（原油、天然气、汽油等）里的一种——民用燃料油，在美国期货市场的交易时间最长。

三角洲理论

看着两张图的时候，要记住彩线的位置是任意的，从一年的第一天、第二季度、春分（秋分）或随便哪一天开始都不重要，重要的是间隔必须是一年。我们从第一天开始画线。

既然是这种情况，就不用管数列里的一个点这次出现在彩线的这一边，下次出现在另一边。重要的不是彩线的位置，而是平均距离，点和平均点之间的平均距离。

还有同样要注意Delta的一个重点问题，大的运动可能会在哪出现，在点1的哪一边。

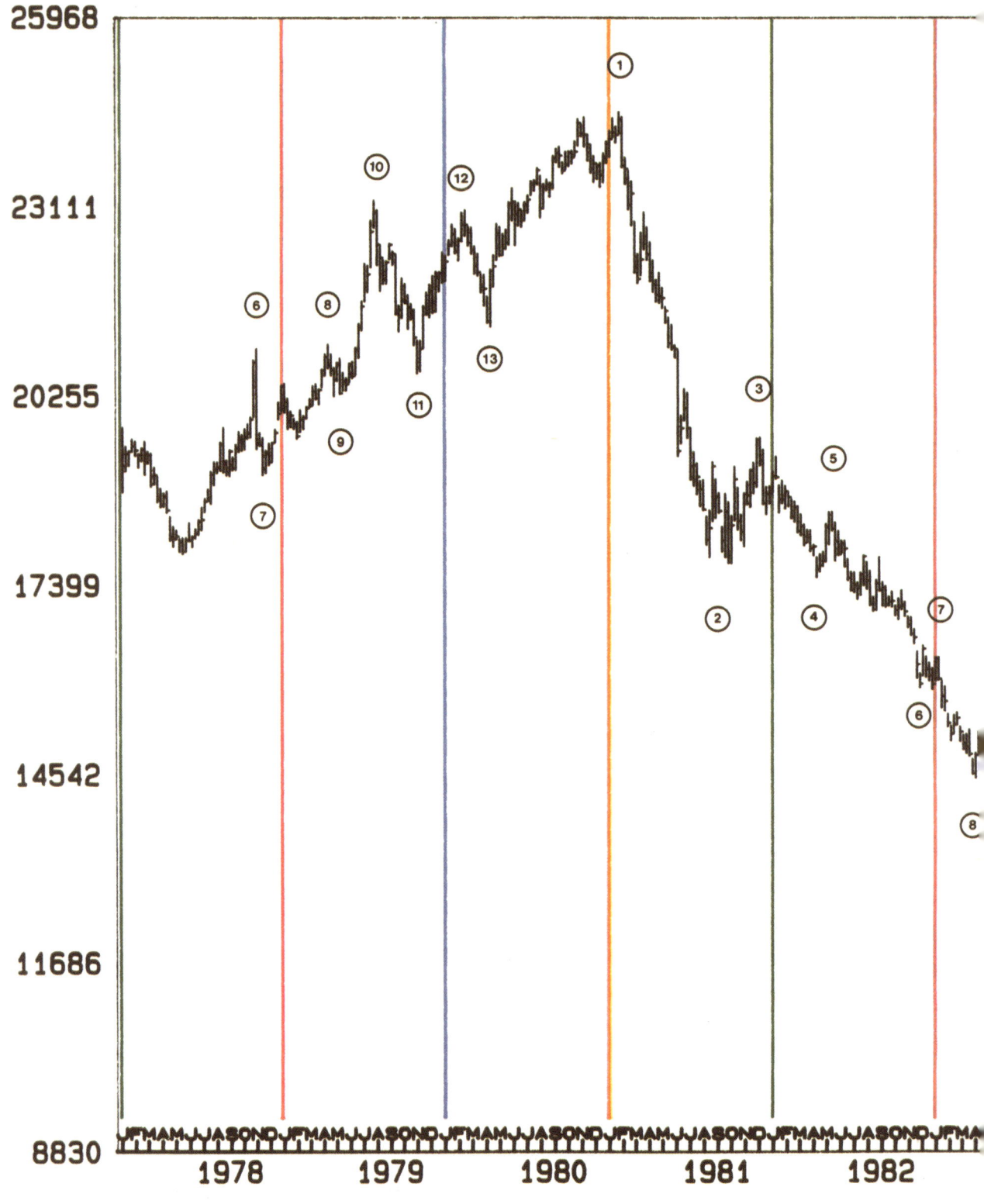

BRITISH POUND

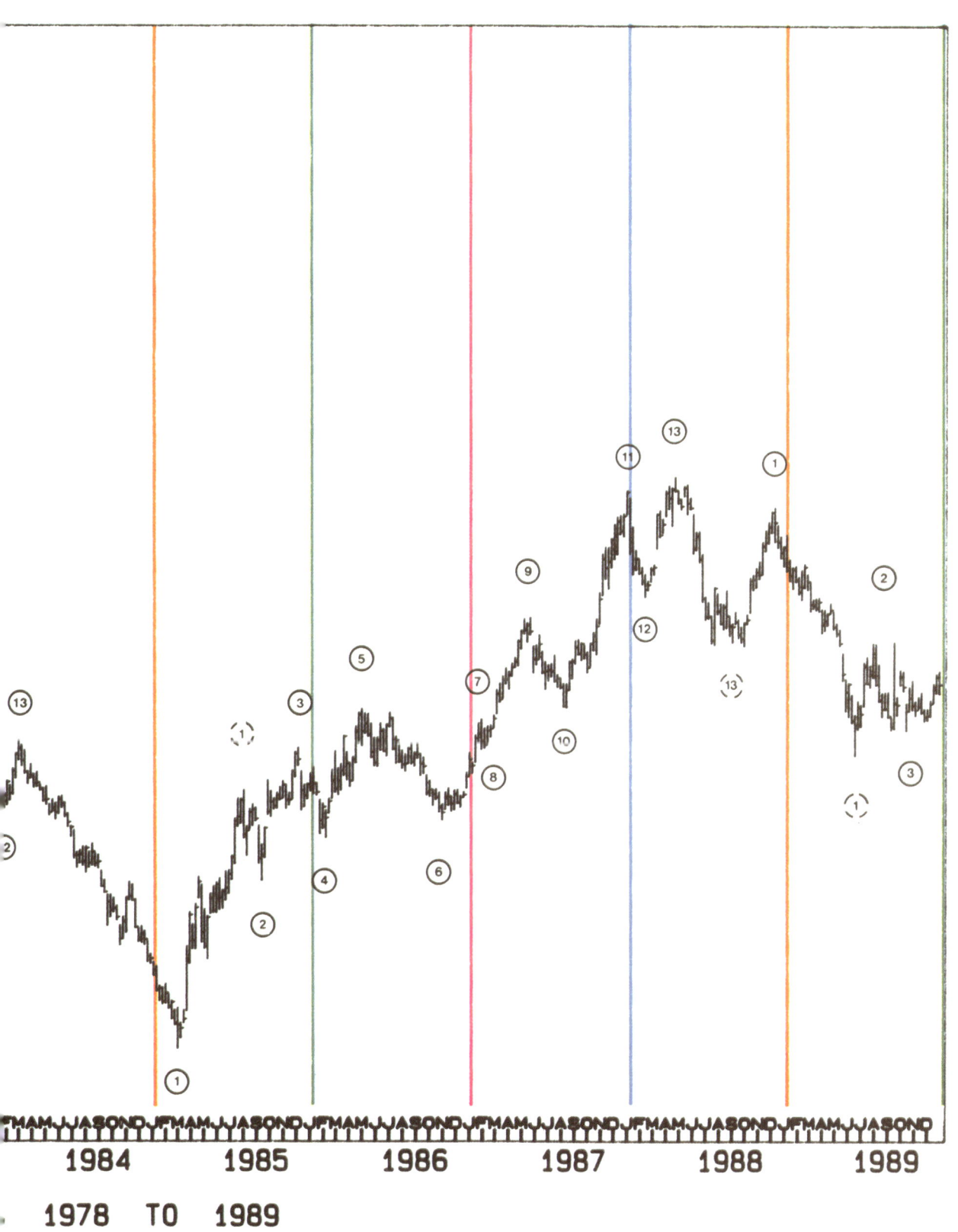

1978 TO 1989

(LONG TERM) 1978 –

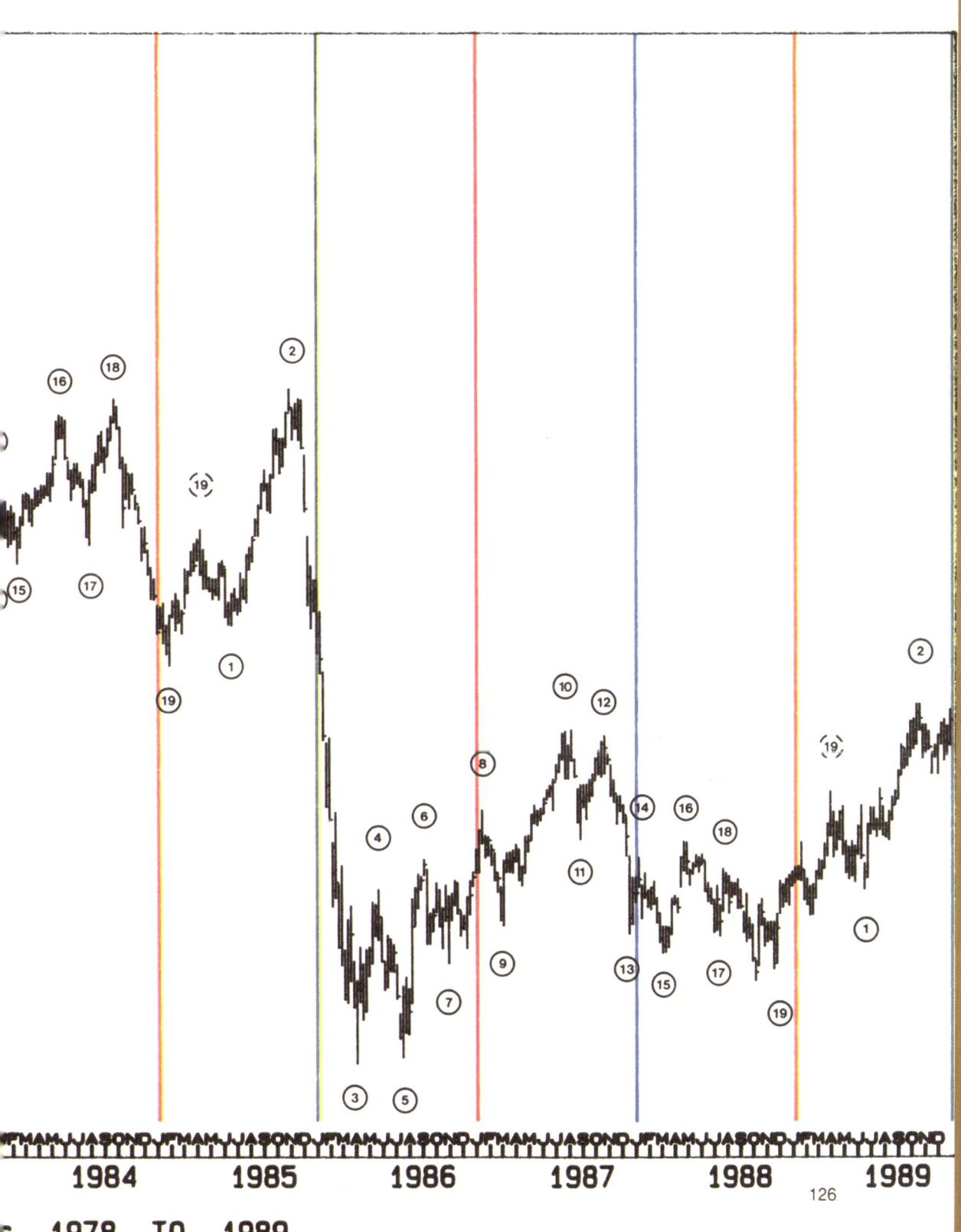

三角洲理论

下面看一些股票板块。所有股票板块的数据从1977年1月1日一直到1990年底为止，整整14年，是最完整的股票数据库。

这时有人会问："需要多少年的数据才能确保Delta方案的正确性？"

吉姆最初的中间期Delta方案只有两个数列。连续8年超过24个数列就可以运行所有方案。有时候数列里出现了多余的转折点，有时所有案例中都出现了倒转，这样只要两个数列、一个倒转，就能保证方案的正确性。

但是，还会有一个数列量的问题，"需要多少数量才能确定平均点？"换句话说，一个Delta转折点需要重复多少次，才能保证平均点不会因为重复增多而改变？

根据对所有分析周期里几百张Delta图的分析，我可以说一个点重复10次（10个数列）差不多就能锁定具体的平均点了。再多的重复（数列）不会让平均点变动一个增量。中间期Delta的一个增量是一天，中期Delta或长期Delta（每周）的一个增量是一周，以此类推。

举例来说，长期Delta的平均点是根据1979年到1983年的信息算出来的，这是8年或24个数列。现在1991年用的转折点日期完全是根据截至1983年的数据计算的，1991年和1983年计算的日期同样准确！

再举一个例子：一位Delta董事有20世纪30年代几年时间的股市每日数据，他用这个数据得出了股市的长期Delta方案，与我们今天用的方案完全一样。如果我没记错的话，只

三角洲理论

有一两个平均天数不一样,但也只是与1983年的方案相差了一天。

10个数列的数据足可以确定平均点出现的日期,显然,长期Delta分析周期需要40年的数据。但我们手头大多数市场都没有这么长时间的数据,所以必须增加新的数据凑够10个数列,重新计算平均点日期。

刚才说过,我们有股票板块整整14年的数据,也就是3 1/2个数列,这个数列量不足以锁定具体的Delta转折点,但是,我相信每个点都绝少可能跳出现有的100%范围。

现在看看汽车、航空、银行及石油精炼和销售这几个板块。

因为空间有限,只显示每一组的一张10年期图,每张图都至少包括一个倒转。

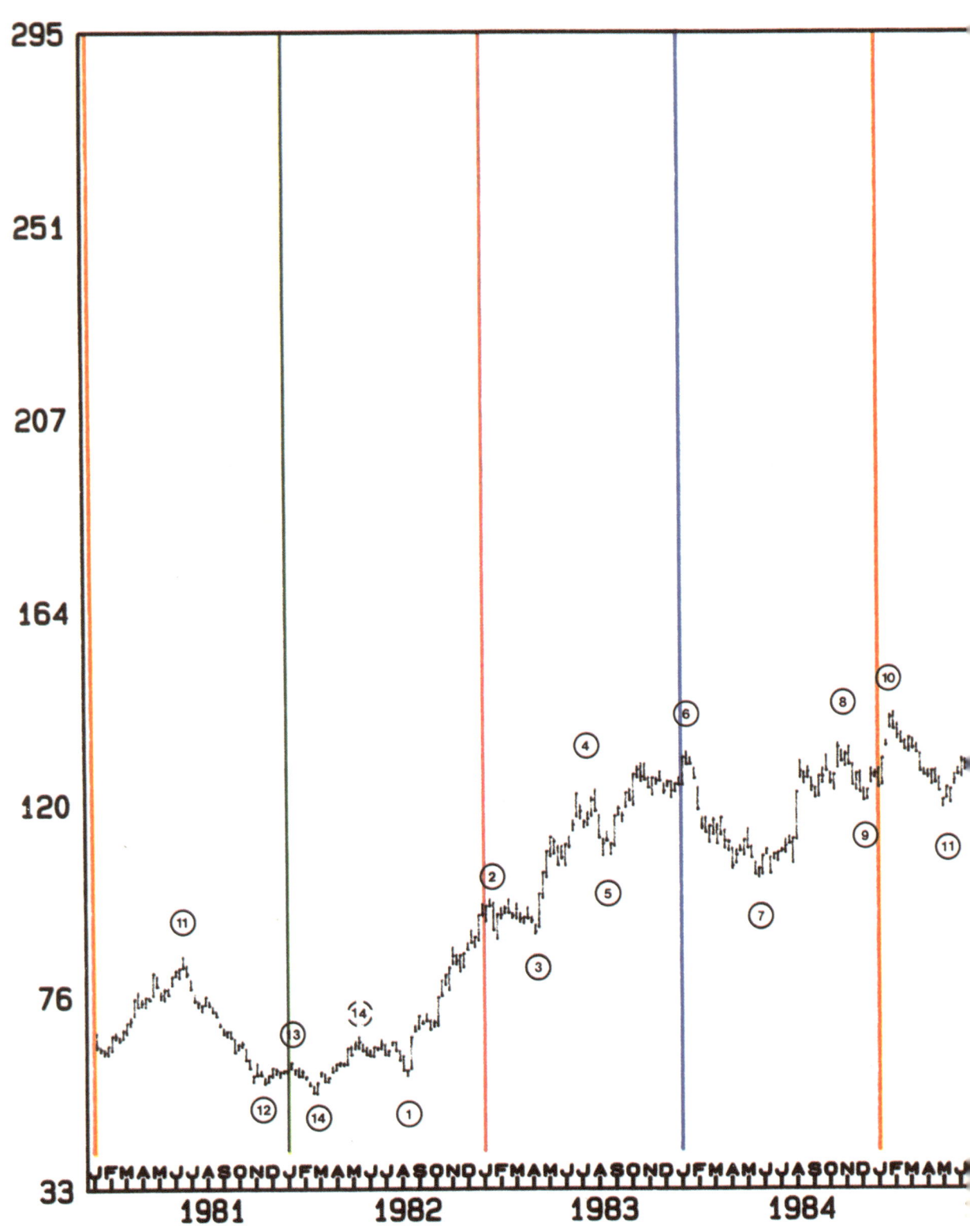

1990 AUTOMOTIVE

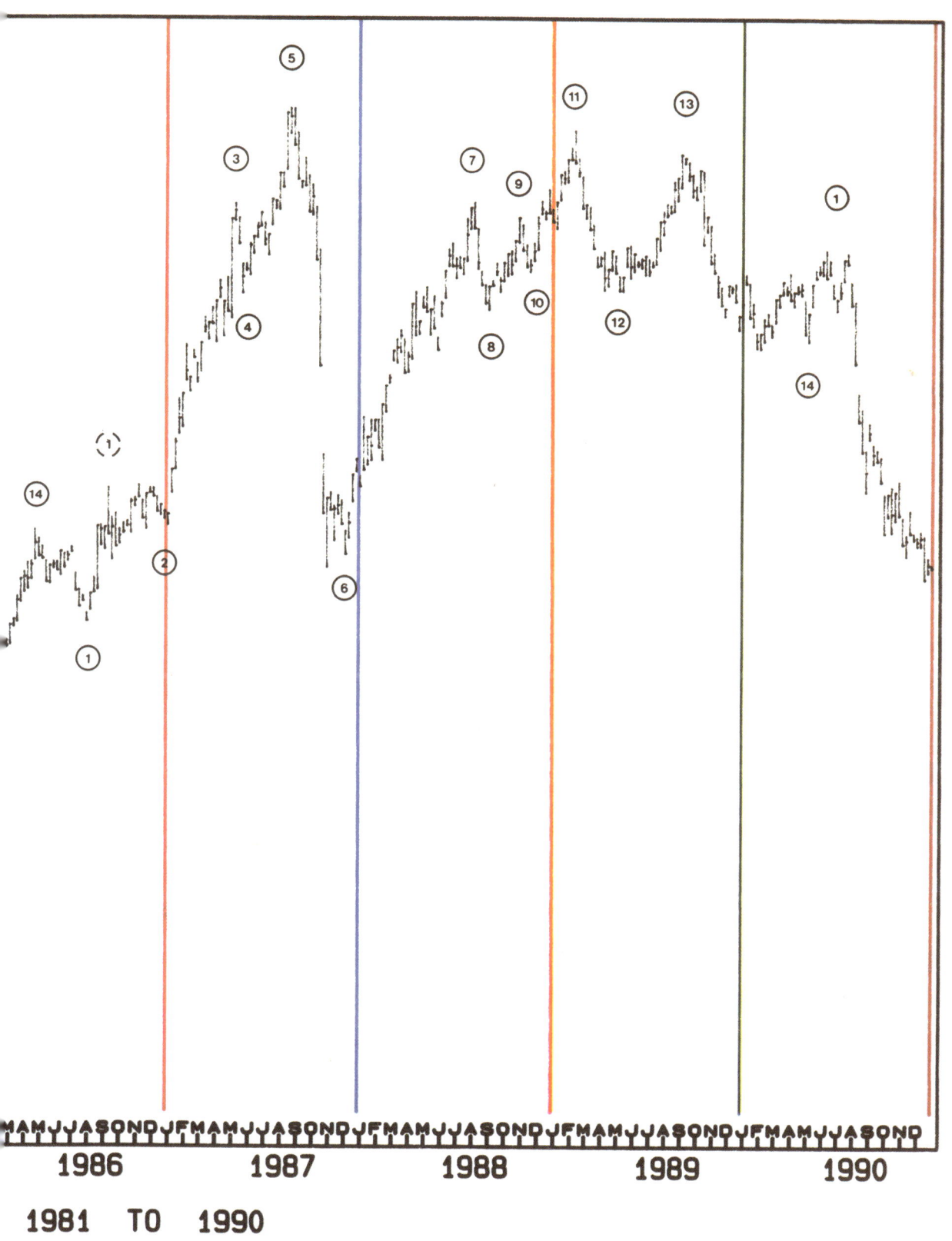

1981 TO 1990

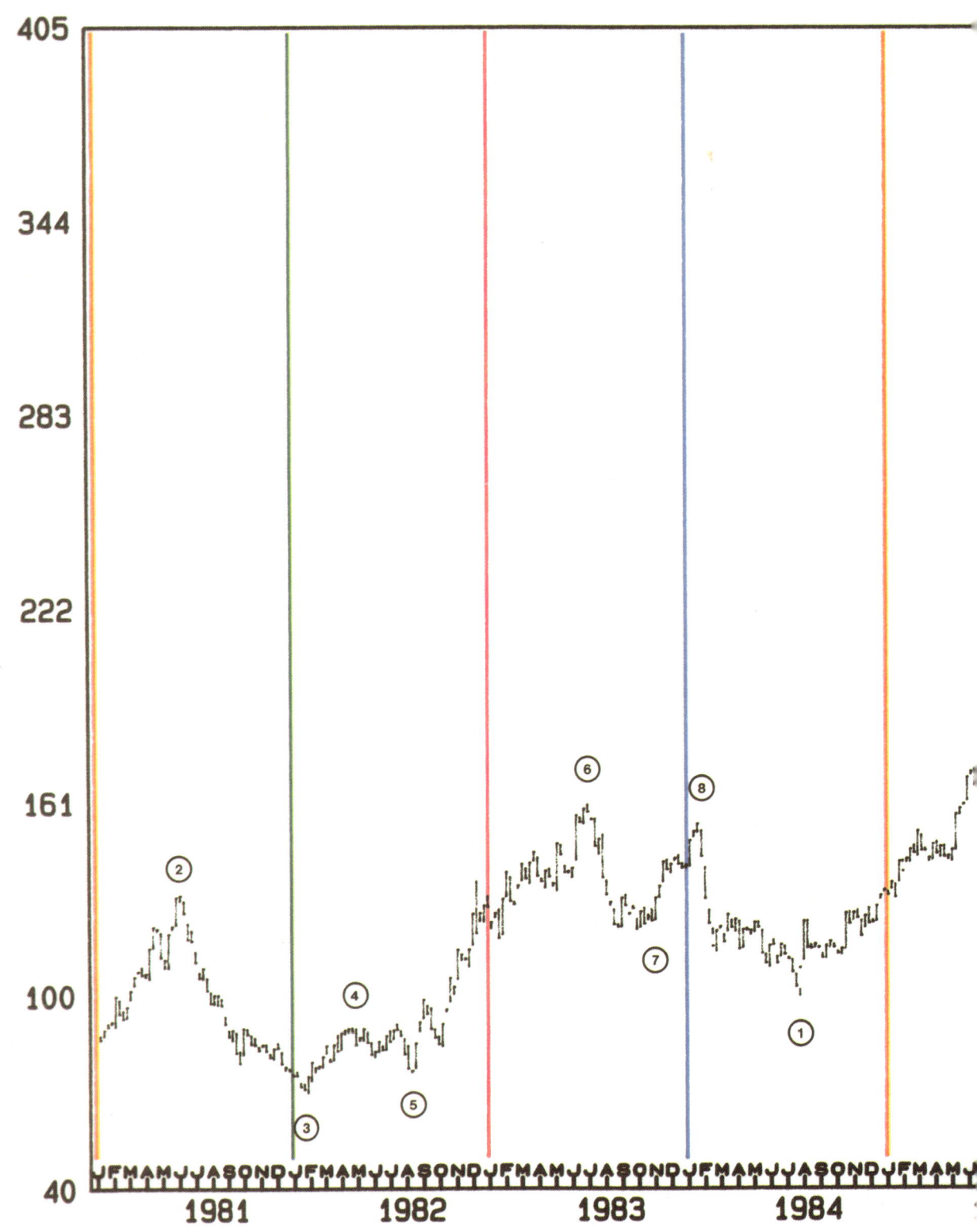

– 1990 AIRLINES

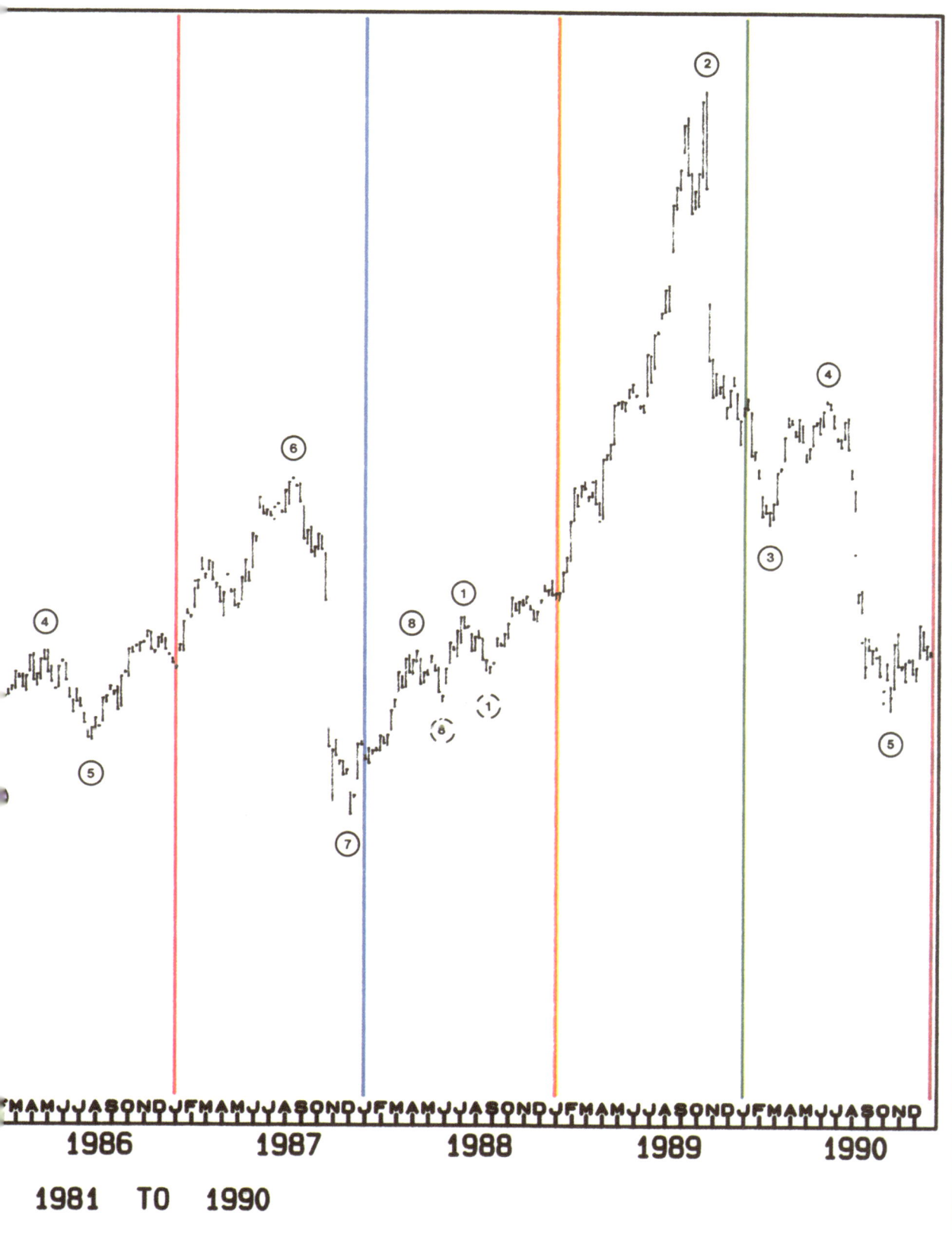

1981 TO 1990

(LONG TERM)

– 1990 BANKING

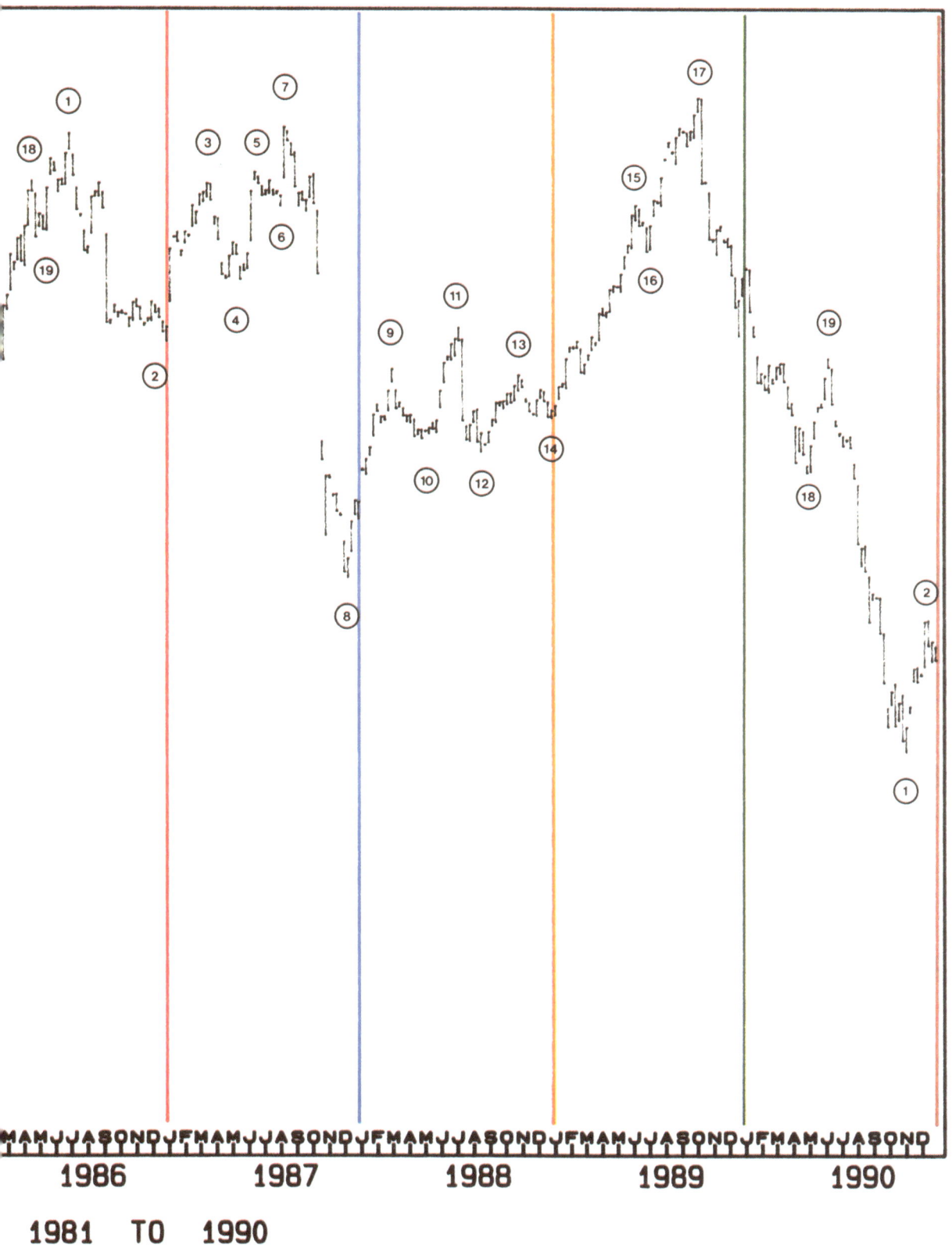

1981 TO 1990

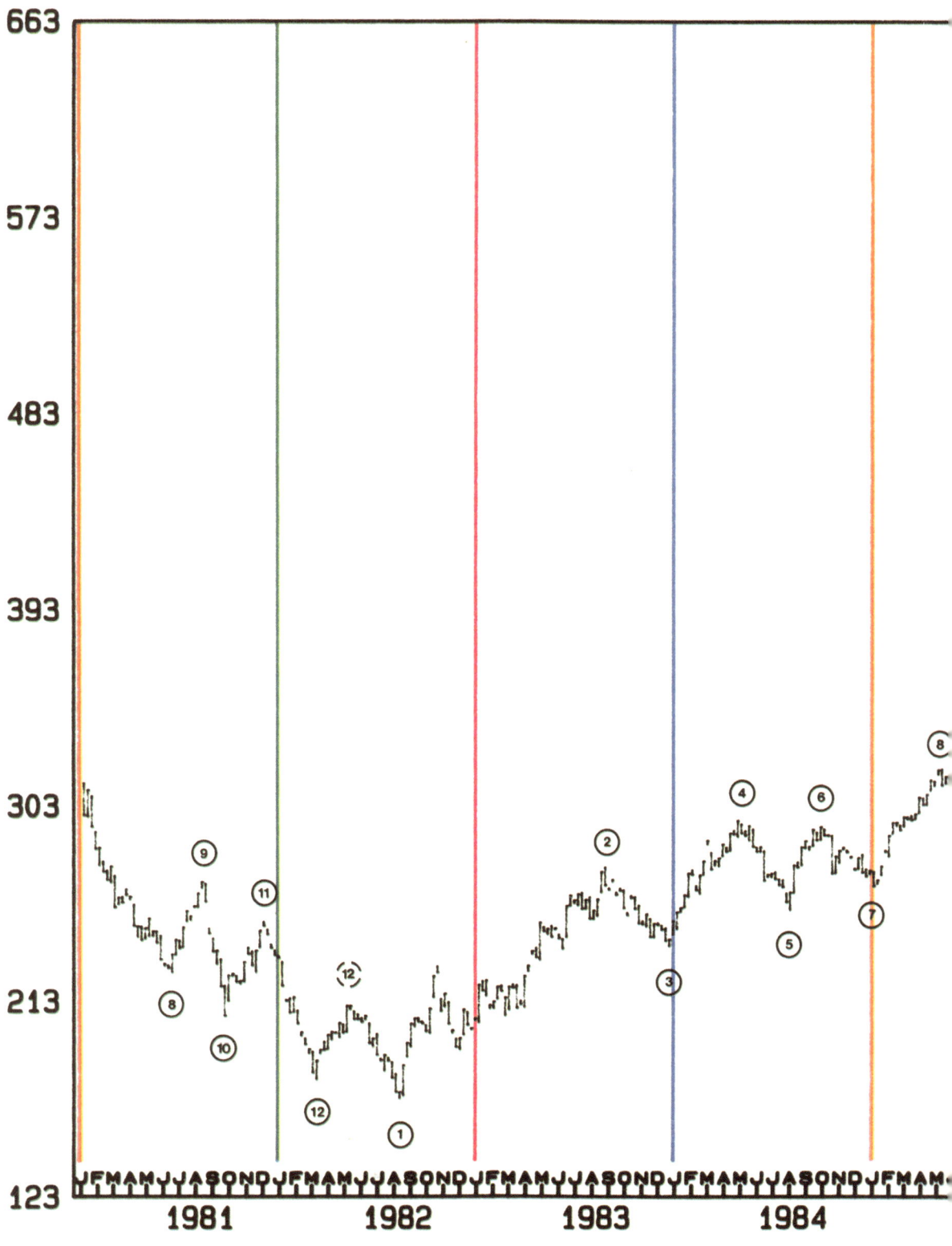

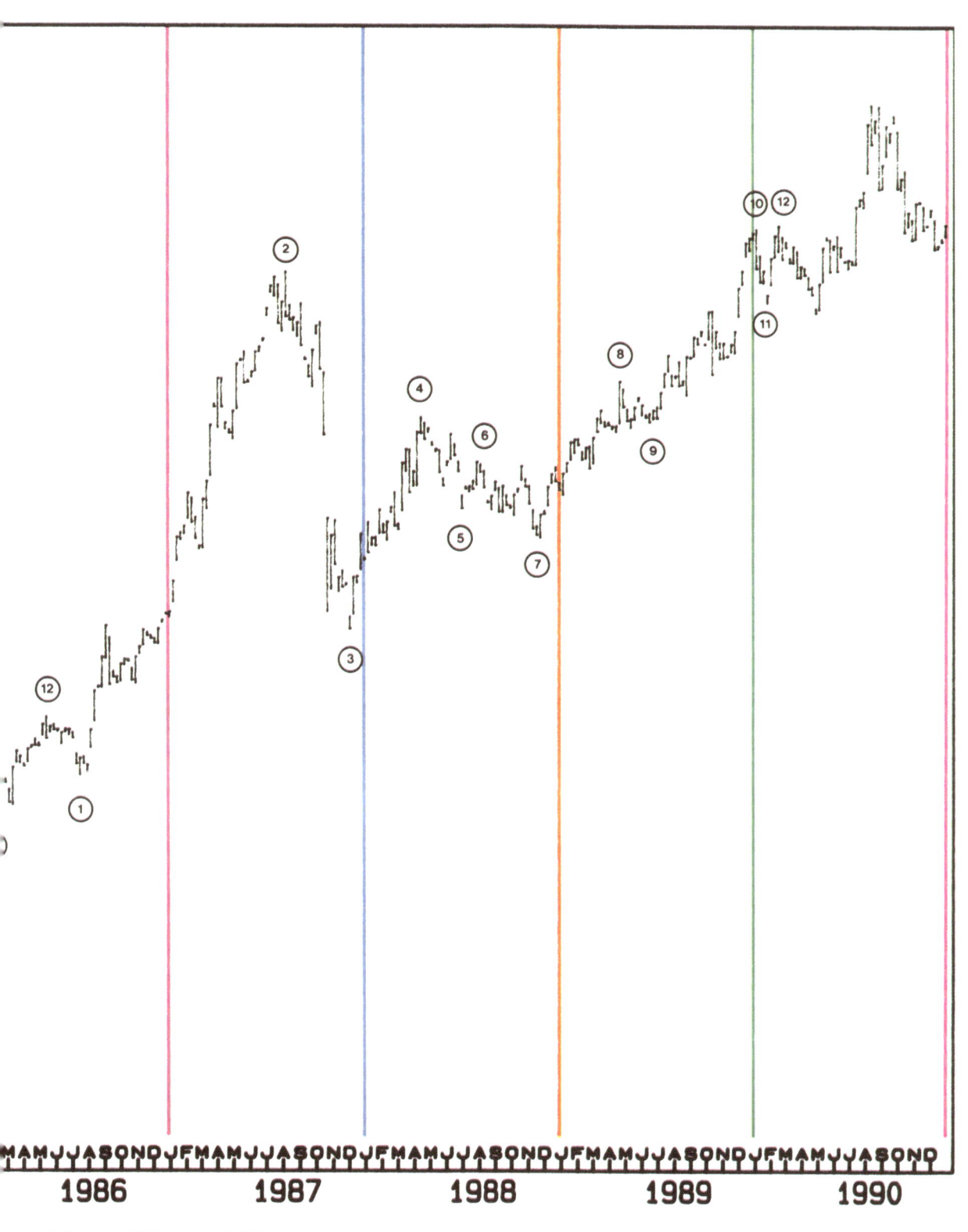

三角洲理论

我刚着手解决长期Delta市场时借助了数字分析,与分析中间期Delta的方法一样。下面是英镑的数字分析。

英镑周

	PT 1	PT 2	PT 3	PT 4	PT 5	PT 6	PT 7	PT 8	PT 9	PT10	PT11	PT12	PT13
1972					G 21	R 0	R 11	R 21	R 24	B-10	B -6	B 2	B 12
1976	O -7	G -7	G -3	G 6	G 21	R -8	R -5	R 16	R 20	B-22	B -8	B 7	B 14
1980	O -8	G-13	G -4	G 15	G 19	R -4	R 2	R 14	R 22	B-19	B-10	B 5	B 10
平均值	O -8	G-10	G -4	G 11	G 20	R -4	R 3	R 17	R 22	B-17	B -8	B 5	B 12
MP2 +-2	O -8 100%	G-10 0%	G -4 100%	G 11 0%	G 20 100%	R -4 33%	R 3 33%	R 17 33%	R 22 100%	B-17 33%	B -8 100%	B 5 67%	B 12 100%
MP3 +-3	O -8 100%	G-10 100%	G -4 100%	G 11 0%	G 20 100%	R -4 33%	R 3 33%	R 17 67%	R 22 100%	B-17 33%	B -8 100%	B 5 100%	B 12 100%
MP4 +-4	O -8 100%	G-10 100%	G -4 100%	G 11 50%	G 20 100%	R -4 100%	R 3 33%	R 17 100%	R 22 100%	B-17 33%	B -8 100%	B 5 100%	B 12 100%
AR	5	30	5	45	10	27	57	27	13	47	13	17	13

英镑总计周 MP2%=61 MP3%=74 MP4%=86 A.R.=24

RANGE:	-8	-13	-4	6	19	-8	-5	14	20	-22	-10	2	10
	-7	-7	-3	15	21	0	11	21	24	-10	-6	7	14
STDEV:	-8	-12	-4	7	20	-7	-3	15	21	-22	-9	4	11
	-8	-8	-4	15	20	-1	9	19	23	-12	-7	6	13

THE DELTA PHENOMENON

三角洲理论

这种分析帮助不大，因为大多数MP2、MP3和MP4的百分比都是100%。我想想才明白，我真正想知道的是点会在什么时候出现，也就是点最可能出现的时间范围。我当然想先知道100%范围，就是某个点每次出现的最早和最晚的日期。显然，随着数列数的增加，100%的范围更有意义。

接下来我想确定大多数Delta转折点出现的范围。幸好一个统计函数正有此用，就是"标准方差"。数学原理避开不谈，只要知道标准方差就是将来大约2/3的点会出现的范围。供参考的点越多，这个范围就能更精确。

下面是每个长期Delta周转折点的例子，已知的日期是周三。

转折点日期	标准 离差	100%范围
1991.1.16	1991.1.9到1991.1.23	1991.1.2到1991.1.30

我觉得下面这种长期Delta最有意思，你会有同感。1987年后半年市场崩溃后，很多人把目光投向了日本股市指数——日经指数。我没能长期跟踪那个市场，就给Delta会员打电话希望找到一张长期图。一个会员把下面的图给了我，据我所知，只有这张图追踪到了日本1949年股市开市的时候，他还给了我一张近期从1982年到1987年的图。只有数字能泄露市场趋势的蛛丝马迹！

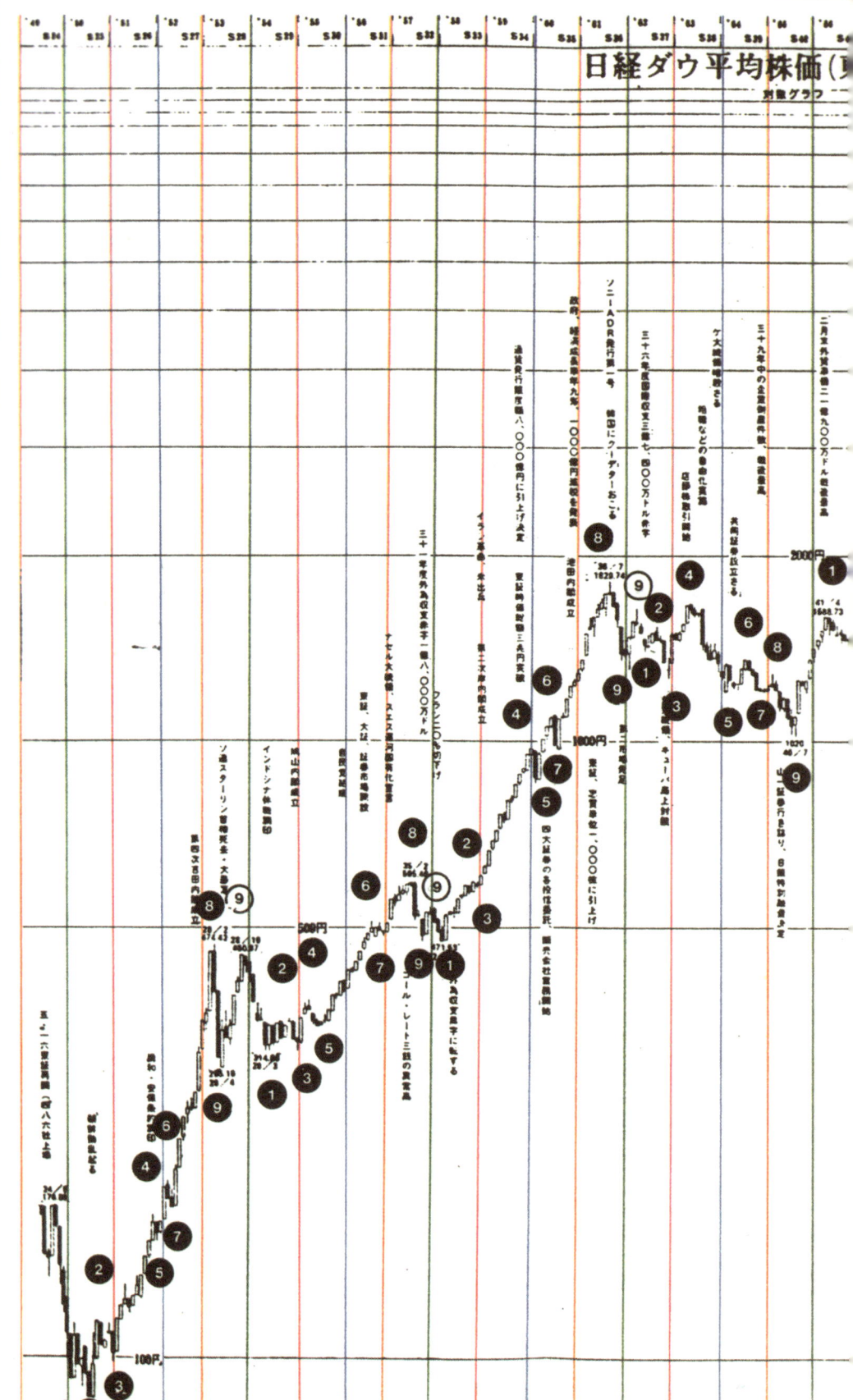

三角洲理论

如果我有日经指数各板块的数据，它们的Delta方案也跟纽交所各板块一样容易找到。整个市场的方案当然不如单个板块那么精确。实际上，认真想想，不同的板块有自己独特的Delta规律，由这些板块构成的综合市场又有自己的Delta规律，这太神奇了。虽然板块集合的精确度比不上任何一个板块的精确度，但你看看，规律无可挑剔！

现在我来教你一个简单方法，不借助计算机就能发现任何一个市场的平均点（平均日期）。借用日经指数举例，一个月9个Delta转折点做成下面的表：

列数#	1	2	3	4	5	6	7	8	9
颜色	G	G	R	R	B	B	B	O	O
1950	6	9	1	9	10	2	4	3	5
1954	5	9	-1	3	-5	8	12	7	10
1958	3	9	-2	12	1	6	7	9	13
1962	6	8	-1	5	1	6	9	2	8
1966	4	13	4	12	11	12	16	7	15
1970	6	6	1	9	1	13	16	7	12
1974	6	11	6	10	6	12	16	7	10
1978	-1	13	3	9	3	12	14	8	10
1982	3	5	-2	13	-2	4	8	6	8
1986	2	8	1	9	3	7	7	6	8
	4	9	1	9	3	9	11	6	10

颜色的顺序（一直）依次是绿色、红色、蓝色、橘黄色。1986年是绿色，那1990年点1的平均日期是哪天？答案是绿+4＝1990年4月。

试试这个。2007年Delta转折点的两个平均日期是哪天？答案：1月和9月。为什么呢？因为如果1986年是绿色，那么2006年就是绿色，因此2007年就是红色。红色的平均日期是什么？1月和9月。当然，转折点是高是低取决于点2的循环，点2的平均日期是2006年10月！

三角洲理论

最后看看纽交所的长期Delta。与日经指数一样,纽交所的方案没有一个板块的方案那么准确。前面说过这个市场和黄金,方案里面套方案。

我们第一次在Greensboro召开董事大会时,有几位董事介绍了他们使用Delta的情况。一位从瑞士来的董事发现道指有第二个方案,他的一张10年图(2 1/2个数列)上显示每四年重复出现18个点,原来的方案是重复6个点。

话音刚落,一位芝加哥的董事表达了相同的看法,他也有同样的发现。根据最近60年的道指数据,他的表显示从20年代到1985年,道指的数列有18个点。

下面这张图只显示了股市10年间的分析方案,所以能显示18点数列的长期Delta分析方案。在页尾我给出了依据60年数据找到的18点数列分析方案的平均点。

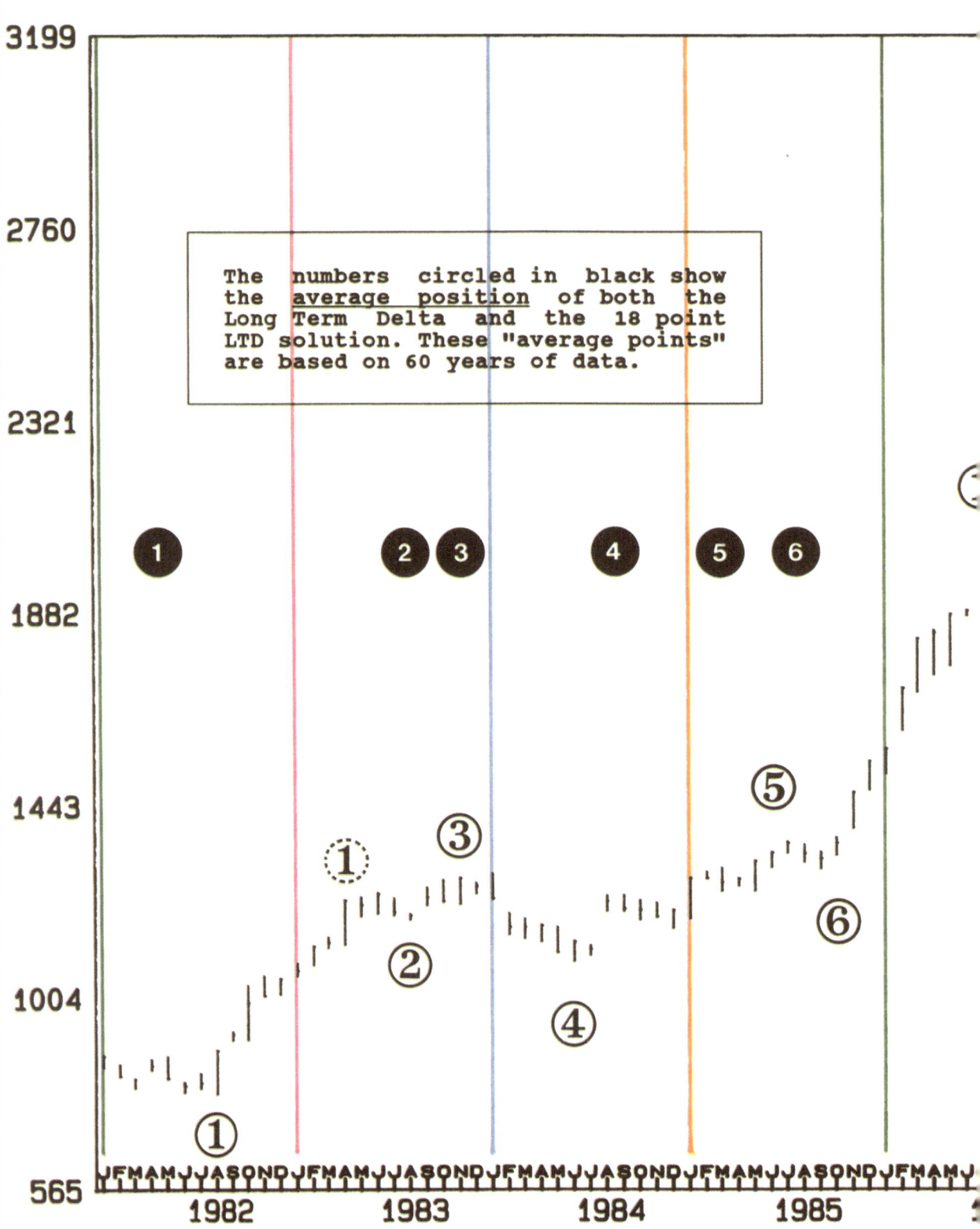

82 - 1991 DJI

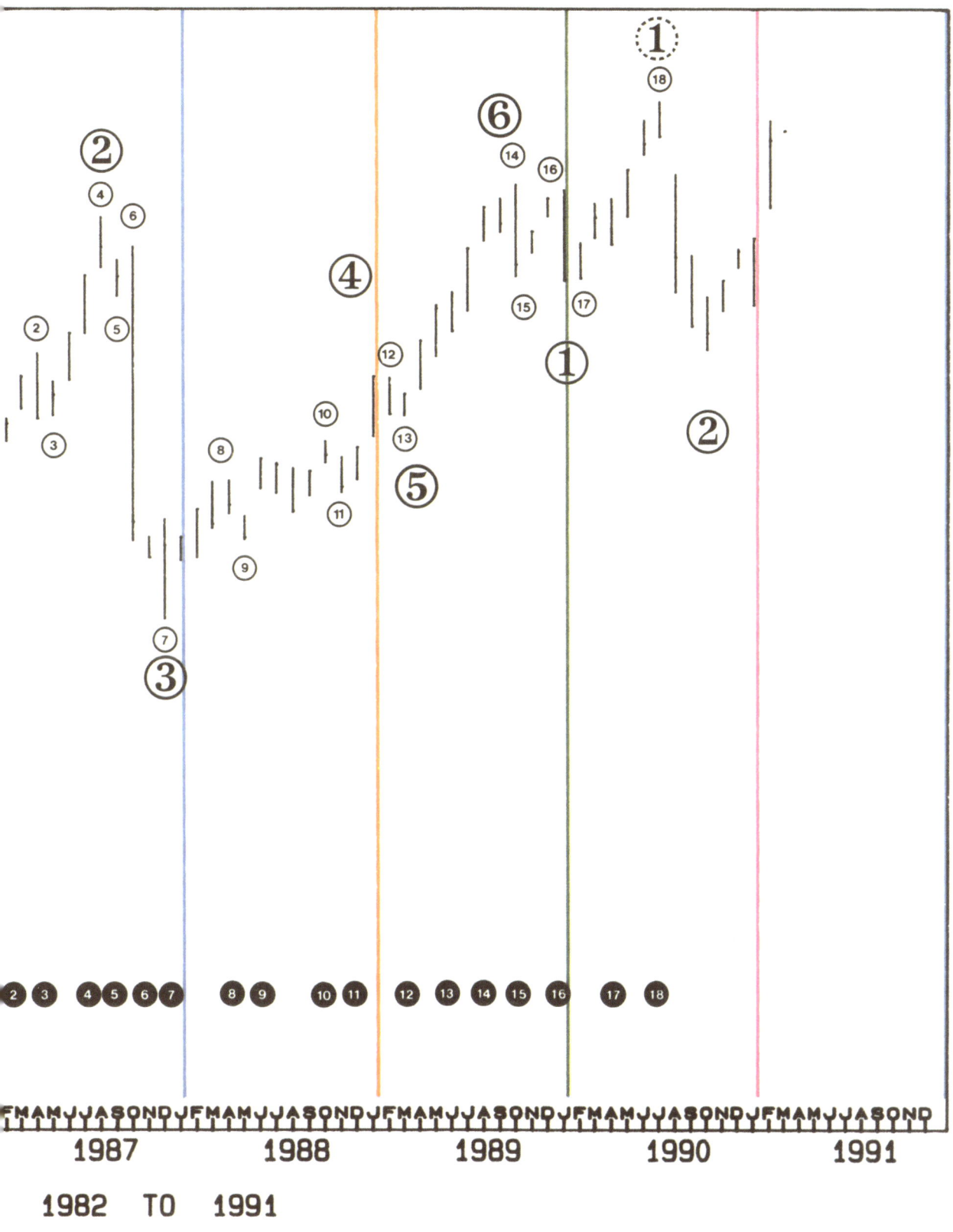

1982 TO 1991

三角洲理论

现在看过了两个方案，哪个方案能够提供最多的市场交易信息？你随即会反应是"点最多的方案"。

但如果好好想想，答案可能就是另一个了。为什么呢？

你是不是更想知道市场还会在一个方向上运行多长时间，四个礼拜还是四个月？

要确定一个市场的Delta规律（方案），到底需要多少点？我们过会儿再仔细考虑这个问题。但是我趁现在要说一个长期Delta特有的问题。

在两个长期Delta转折点之间常常会有一次重复。假设某个市场的长期Delta方案里，每个点5和点6之间顶部/底部会重复一次，有时会有两次甚至三次重复，这种情况不少见。这时有利可图吗？是的。我用字母A、B、C等指代这些点。

记住两点：一是这些重复不是在每个数列里都出现。如果出现，就好好把握；如果不出现，记住原来的方案有效。

二是记住如果不足8个或10个数列，那么长期Delta点之间这些小的重复点，有些可能会变成Delta点。我看到过的所有长期Delta图里，这种情况只发生过三四次，数列只有三四个。

那怎么知道长期Delta点之间的小重复点会真的变成Delta点？

答案是，如果小重复点运动幅度很大，超过了原来两个长期Delta点确定的高/低幅度，那么市场就不会再按照点5和点6规定的方向运行，而是会从点5运行到小重复点，这时的

三角洲理论

小重复点就成了真正的长期Delta点。

我说过这种情况很少发生，也只会发生在长期Delta分析周期或超长期Delta分析周期。唯一的条件就是（市场的）数据不足，无法产生完整的分析方案，这时候，数列里一定会多两个点。

我在这本书里讲了我学习Delta理论的每个小细节！

我们用长期Delta的定义来结束这一章。
地球每绕太阳四周，市场正向或反向重复一次。

下一章讨论超长期Delta（SLTD）。

三角洲理论

第七章
超长期Delta

吉姆·斯罗曼提了一个问题："假设可以用望远镜从太空远距离观察太阳、月亮和地球，这几个星球按照循环往复的顺序相互作用。如果通过望远镜给这三个星球抓拍一张照片，它们需要多长的时间能再次运动到这个位置？"

吉姆找到了答案，是19年又5个小时。他还发现这个问题前几千年前就提出来了，并且也找到了答案，埃及人的金字塔诠释了部分答案。

根据对Delta的研究，吉姆知道这个答案就是最后一个Delta分析周期。吉姆一告诉我，我也明白这是市场特长期间规律的基础。逻辑上没错，因为我们知道Delta就是太阳、月亮和地球完整相互运动的结果。

我说过，我拿到了纽交所1790年至今的数据，我们把数据输入到计算机文件里，程序就生成了两张各100年的图，彩线相距19年。我们还用了对数标尺，以便能显示高价位的大幅变动和低价位的细小变动。

我把两张图重叠起来画彩线，用同一种颜色从头画到尾。我盯着画好的图看了大概5分钟，然后开始填数，15分钟左右就填完了。我不知道是我精通了Delta分析方案，还是方案就是这么简单，可能两个原因都有点。不管怎么说，方案出来了，奇怪的是，整整200年10个完整数列里没有一次倒转。

三角洲理论

只有在倒转发生后，才能确定点1的正确位置。但是想想倒转每19年才发生一次，而且200年来还没发生过，所以下一个点发生倒转的机会还是很渺茫的。

有意思的是市场碰到某些Delta点的表现。看看下面的图（两张图都包括100年的数据），一眼就能看出来，200年来所有重大的下行实际上都发生在点14，我1987年5月分析这个市场的时候发现了点14的特性。看看1987年点14和1929年点14的相似之处，后者引发了历史上最大的下挫。

那时市场刚好处于点14超长Delta高位的顶部，顶部最终在1987年4月形成，这个发现让我非常兴奋。我知道下一个长期Delta高位会在1987年9月形成，而且会与超长期Delta高位相关。长期Delta高位最有可能在1987年9月形成。

还能很明显看出来几乎每个点14都会带来重大的下挫，就涉及价格了。实际上，这个下挫与1929年的下挫相似，看起来可以进行价格预测。

另一方面，如果急跌不能长期持续，反而在点2形成新的顶部，那么近期就不可能发生1929年那样的下挫。

很多人问我，既然这样，Delta是不是应该能预测到1987年的崩盘？答案是肯定的。如果你看了1987年的超长期Delta图，你也能预测到。

那些声称预测到崩盘的分析员，只是一直以来都在唱空，所以最后对了一次。但是，我（或应该是Delta）只做了这一次预测，结果与实际顶部仅仅相差一个月，并且点明即将出现的下挫类似1929年的下挫。

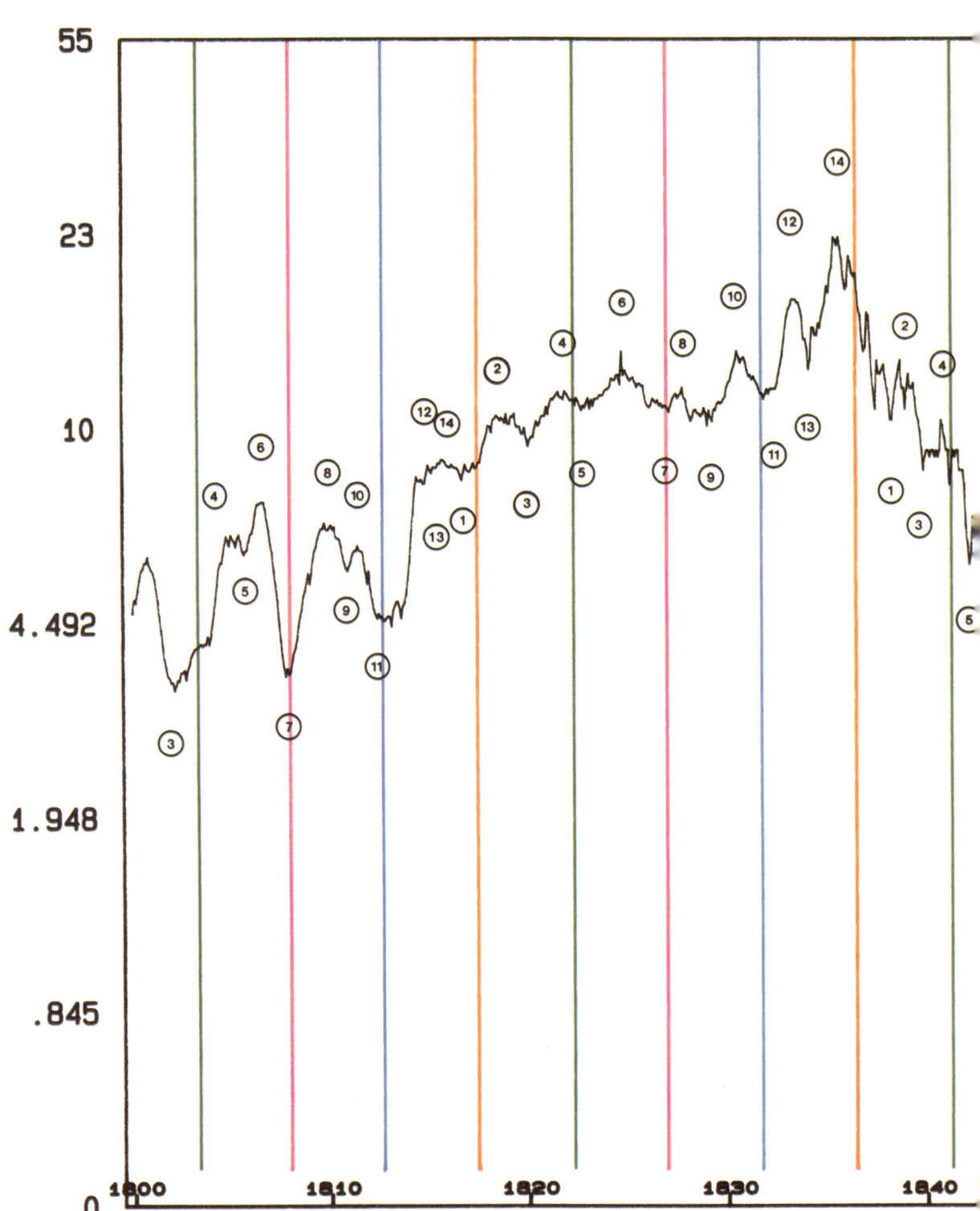

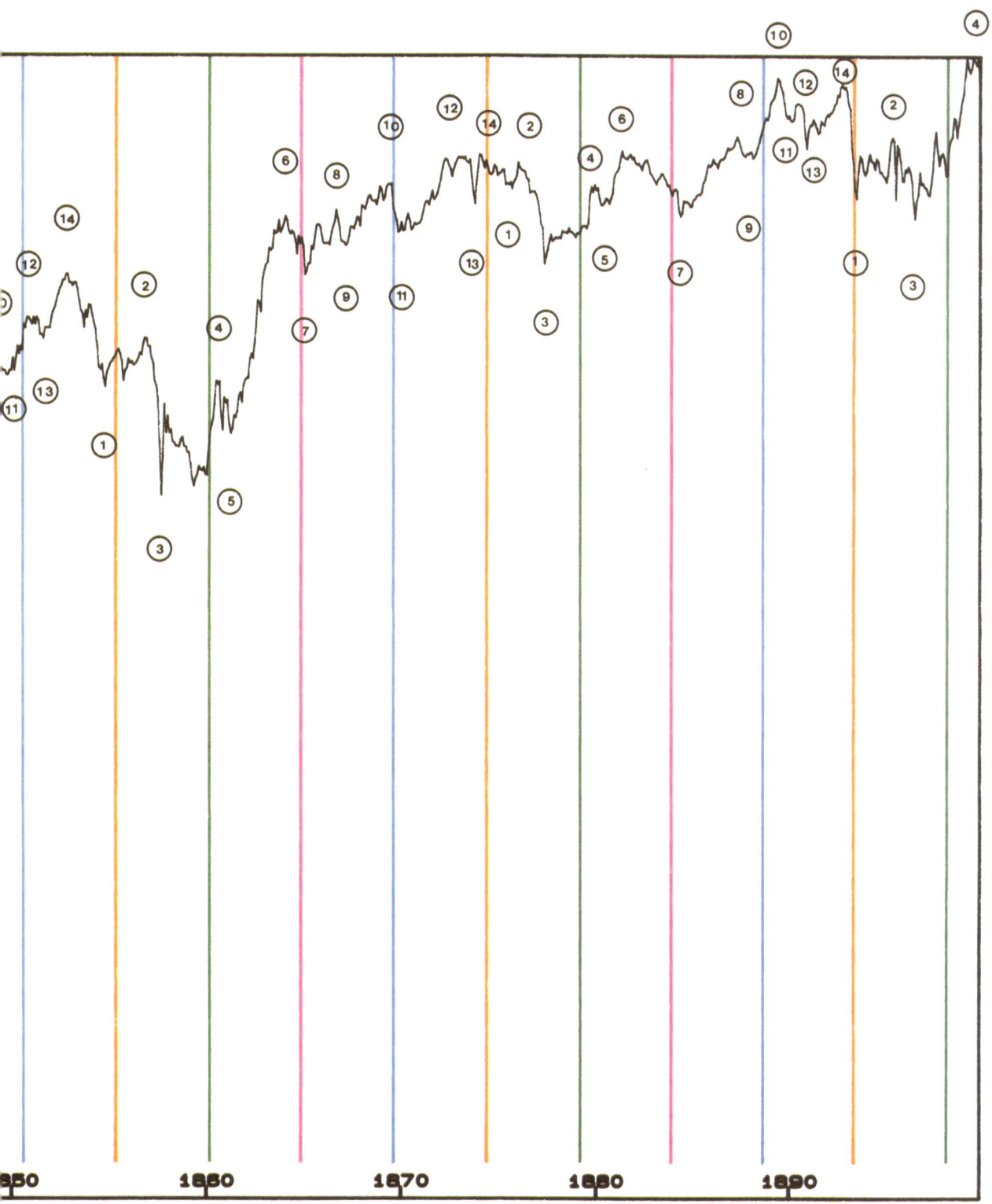

SUPER LON[G]

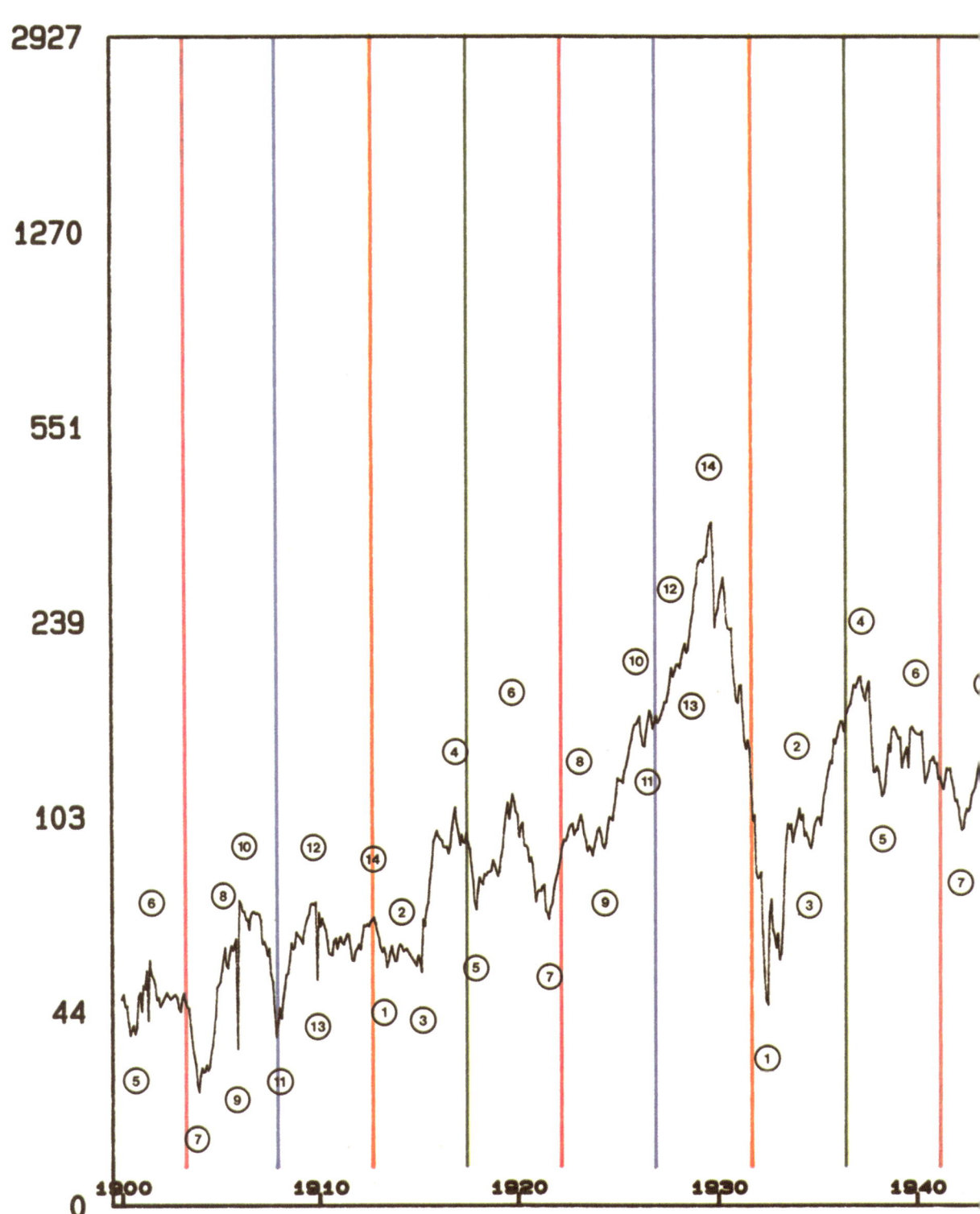

JAN 190

RM DELTA

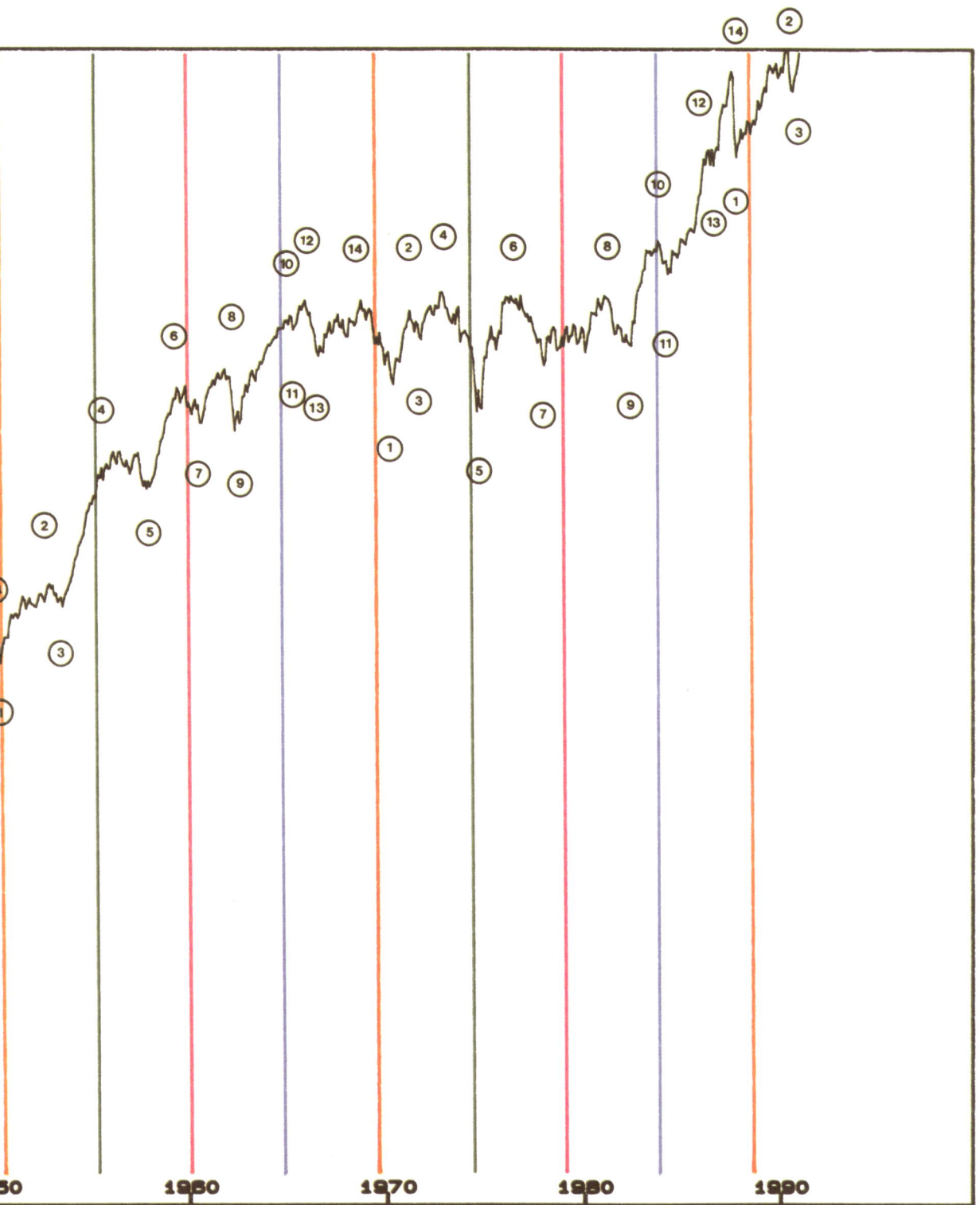

1991

三角洲理论

我没说过这件事，但是我每年都给Delta会员写大约10封信，目的就是提供倒转时间窗（ITW）的日期，核对25个市场在三个Delta分析周期的循环，并指出正在形成的特别有利的交易条件。

我1987年6月给会员写过一封信，现在摘抄一段原文如下：

给Delta会员的信
交易提示
1987年6月30日

根据观测到的其他现象，科学家在发现天王星之前就知道了它的存在。吉姆利用同样的原理预测到超长期Delta，并给出了具体的参数来证明。唯一的问题就是我们那时还没有足够的市场数据来验证。但是现在数据够了。

前不久，我按图索骥，买到了（真是一点也不便宜）1789年至今纽交所每月的收盘价数据！我们人工把这些数据输入数据库，做了一些特殊设计，把数据排列成能用Delta处理的格式。输出结果既让人激动，又让人惭愧。在宇宙神奇的运行规律面前，我们的认识是多么微不足道！我现在还觉得能看到这个规律是一种荣幸。

言归正传。那超长期Delta到底对现在和后几年的纽交所有什么影响？我下面要说的内容完全来自Delta提供的所有信息，这些信息来自三个方面：长期Delta、超长期Delta和超长期价格Delta。（Delta的董事都知道了这个内容）这些内容不带任何个人看法，我本人没有意见可说。

首先，长远来看，我们对Delta的解释到目前为止是正确的。单看1986年夏天形成的顶部，再加上没有发生倒转（50年来一次也没有），我们认为市场会在1987年9月前后上行至下一个Delta高

三角洲理论

点。最近两年来我们都这样认为。

超长期Delta显示重要高点马上就要形成,这个高点很有意义,类似1929年的高点!同样,1835年的高点也引发了股市上有史以来第二大严重下挫,而且,高点之前出现过几次重要的下跌。这次即将出现的高点的一些参数如下:

平均月……………………1987年4月
标准方差…………………1986年9月到1988年1月
100%范围…………………1985年3月到1989年1月

问题是,1987年9月形成的长期Delta(LTD)高点会落在这个超长期Delta(SLTD)高点?还是会落在1988年10月形成的下一个长期Delta高点?答案是有可能落在1987年9月形成的长期Delta高点。原因有下面几个:第一,1987年9月高点与超长期Delta的平均日期非常接近;第二,1987年9月长期Delta高点在标准方差范围内。就交易来看,当然会认为超长期Delta高点会与1987年9月高点重合。

最基本的条件是:

*能够确切预测到超长期Delta分析周期,虽然当时还不知道它的存在。
*如果数据充分,发现的结果会完全符合预计。
*198年都没有出现过倒转。
*规律与运动的力量强弱有关。
*显示市场即将形成重要高点
*然后,任一Delta点会发生最大幅度下挫,与历史上其他的重大下挫一样。

这些顶部的历来表现都带有戏剧性,在最后都要拼死一搏,但接着就是急跌。我想这次的顶部也会照旧,就是说,市场应该很快竭力上冲形成新的高点,随即会下跌。应该利用这个难得的机会买入指数(可能在12月),然后在恰当的时机卖空。买卖时我会用到

三角洲理论

亚当理论。

1987年的暴跌是历史上最猛烈的下跌，严重程度超过了1929年10月。但是市场并没有像当时那样继续下跌，而是上行并在点2形成了新的高点，时间是1990年7月。没有人能改变那个时间，同样也不能改变点14形成Delta高点的日期。

平均日期是根据200年的数据预测出来的，换句话说，这些日期以及点14的位置在100多年前就已经完全注定了。

看了这本书的人现在就能预计纽交所从今以后的重要移动及其高/低循环（不考虑倒转）！

三角洲理论

第二个超长期Delta市场来看看国债,甚至可以说国债图就是利率图,因为国债价格和利率走势正好相反。我以前很想解决超长期Delta的国债市场,但苦于找不到足够的图和数据。1987年后半年我给Delta的会员打电话,想看看他们有没有至少60年的国债图。很快,我收到了自1915年开始的一张图。

图的格式不好,不方便看,我就把每个摆动点的日期和价格抽出来,让TomBerry设计了程序,生成了下面的摆动图。

我还是把彩线每隔19年画到图上,超长期Delta方案照样很容易就出来了,可能就花了15分钟,这次出现了一些倒转。我动手把数据加到图上,原来的数据只到1986年。

我计算了每个点到合适彩线的距离,经过程序处理后,就有了根据彩线日期计算的每个Delta转折点过去和将来的平均日期。注意最后一次倒转发生在1981年,这意味着2000年之前都不会倒转。

1989年后半年,我在从1981年开始的长期国债月图上标了平均点(平均月)。我发现如果在每个低位超长期Delta平均点的当月任一天买了国债,又在每个高位超长期Delta平均点的当月任一天卖掉,每笔交易都能赚到一倍的利润。

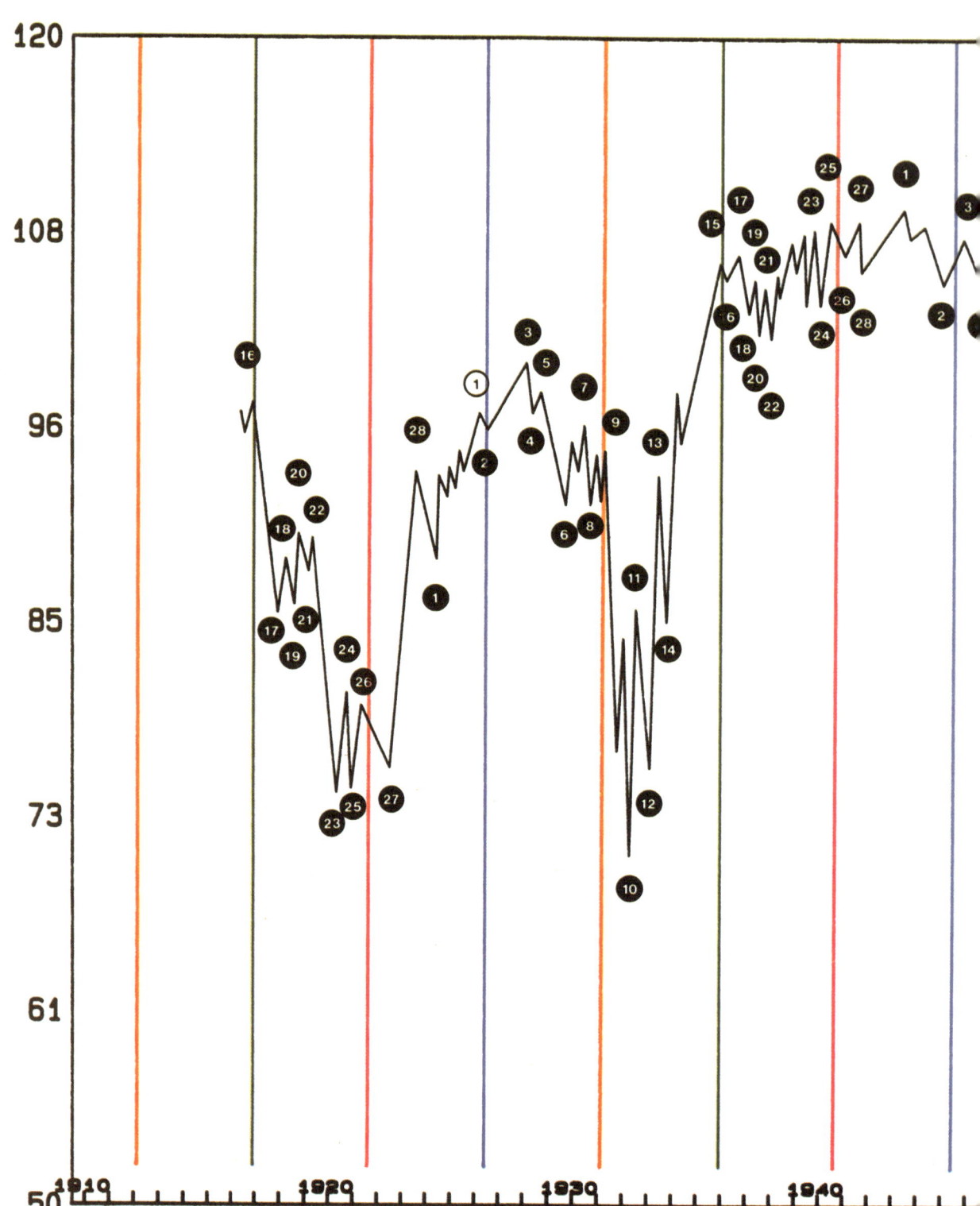

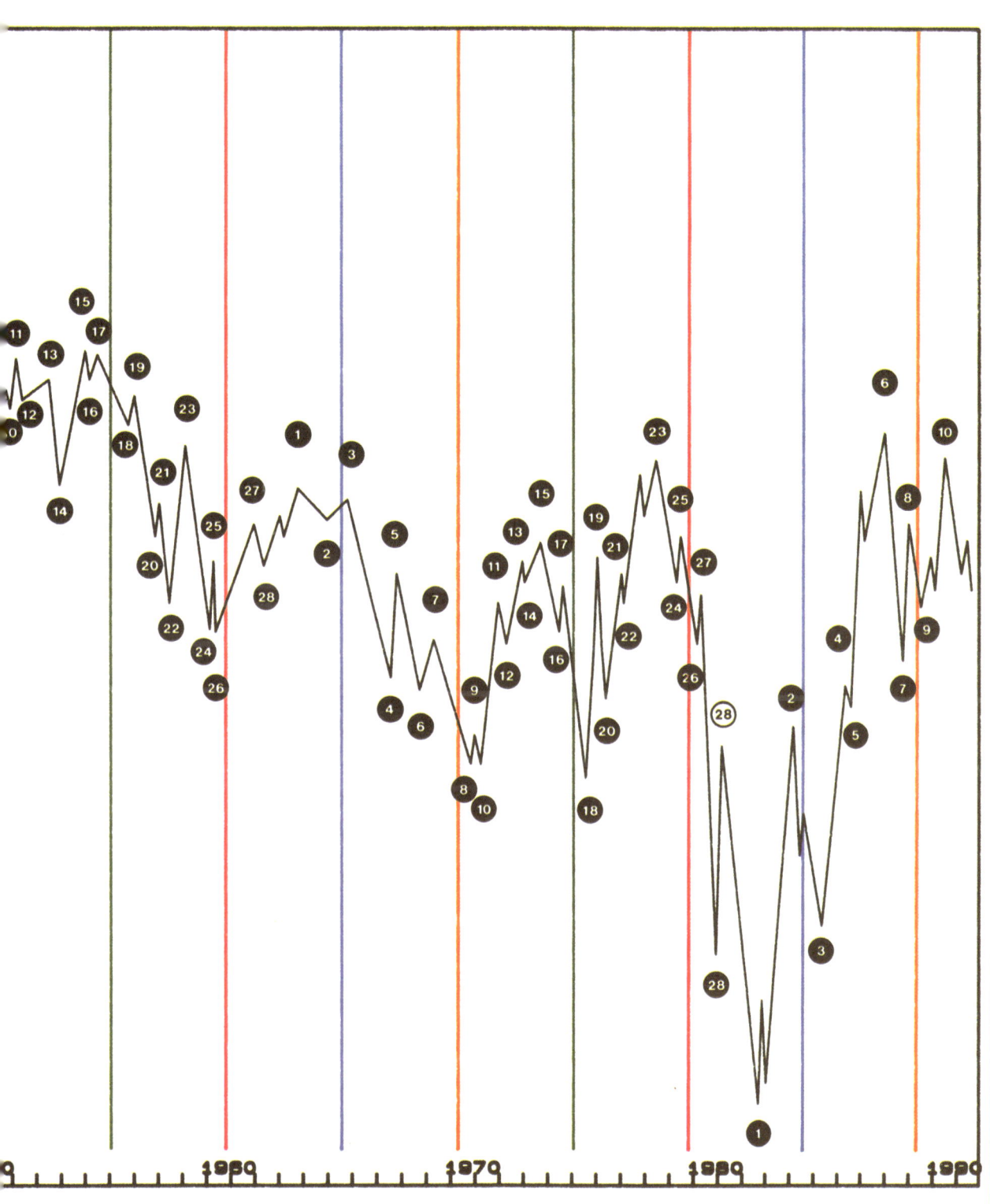

三角洲理论

然后我模拟了一张从1990年到2000年10年期的长期国债图,把每个高位和低位超长期Delta转折点的平均月画到图上。我把这些日期告诉Delta会员,还附送了一份买卖无息债券的交易计划,可以在每个低位日期买入,在每个高位日期抛售。到目前为止,实际情况与预计的图完全吻合。

1990年初,我给华盛顿西雅图的技术分析公司(Technical Analysis, Inc)寄了一份图和一篇文章(概述了无息债券交易策略),这家公司在全国发行《股票和商品的技术分析》(Technical Analysis Of Stocks And Commodities)杂志。

文章刊登在1990年4月期上。因为版权问题,我不会在这里重述这篇文章,但是我列出超长期转折点日期和未公开的精确度,

买入	精确度	卖出	精确度
1990年11月	24	1991年3月	22
1992年4月	33	1992年8月	29
1993年2月	42	1994年1月	33
1994年6月	15	1994年11月	15
1995年3月	08	1995年6月	14
1996年7月	30	1997年3月	28
1997年6月	34	1997年11月	63
1998年7月	65	1999年1月	28

长期国债的长期Delta转折点可以提高买入和卖出日期的精确度,因为超长期Delta点总是与长期Delta日期有联系,而后者又与中期Delta日期有关,中期Delta日期又与中间期Delta日期有关。当然,我在书里说的有限,但Delta会员都会得到这些信息。看了书也能了解,能解决任何Delta分析周期的任何市场,获得有关日期。

但要记住,Delta理论是受版权保护的,获得的信息只能自用。

第八章
短期Delta

现在来谈谈最后一个Delta分析周期。这本书出版之前，只有Delta董事知道这个分析周期。他们交35,000元学习Delta理论的全部内容时，实际上买到了两样东西，一是这个秘密，学会分析任何市场的规律，二是短期Delta。

短期Delta的原理和其他分析周期一样，每个市场都有自己的数列，倒转发生的方式也完全一样。但是短期Delta每天有两三个转折点。

短期Delta无疑会给市场带来巨大的影响。到时，交易员会解决世界上每个股票、每种商品、每个自由贸易市场的所有短期Delta，每个人都会知道每个市场的高点和低点会出现在哪个时刻。

我必须承认，即使以我的认知和经验，也无法预测这个知识（短期Delta解决方案）能给自由交易的市场带来什么影响。首先，知道短期Delta方案的人绝对比不知道的人有优势。现在尚存的所有日内交易员（不幸的是，大部分最终都会离场）最后都会知道交易市场的短期Delta方案。

与此矛盾的是，短期Delta方案最难找到，这个稍后再说。先来讲讲短期Delta的故事。

吉姆在芝加哥告诉过我，他确定还有一个短期Delta规

三角洲理论

律。他问我能不能根据中间期Delta和长期Delta自己琢磨出来。

我想这肯定还是根据什么绕着什么转以及数字4。突然我豁然开朗，肯定是地球自转的4个周期，另一个相关的星体就是太阳，随着地球的自转形成白天和黑夜。

吉姆说，答案正确，但还有个问题——周末的问题。Delta规律是不是每天都有效，不管有没有交易？还是周五终止，周一再生效？我们俩都不知道答案。吉姆说他会再想想，然后告诉我结果。

几个月后，吉姆从加利福尼亚的新家打电话告诉我答案——规律会持续到周末，不管有没有交易。我也觉得这是最符合逻辑的答案。

几周后，我带着一些日内图去了加州。吉姆坐在餐桌边研究那些图，过了会儿就拿起笔开始写方案。几个小时后，工作完成。

我必须说，他找出方案的速度让我现在都还很吃惊。当然，数据不是连续的，必须从断断续续的数据里找到方案。

我慢慢也能用短期Delta找出市场规律了，但要费很多时间，而且经常困难重重。不管怎么样，先从定义开始讲。

市场每4天正向或反向重复一次。
（地球每四周自转一次。）

与其他Delta分析周期一样，每个市场都有自己的Delta转折点数量以及点1的位置。

三角洲理论

从哪个颜色开始都没关系。例如，吉姆挑了图上数据开头的一天，并随便给那一天配了颜色，给后面每天都加上颜色。吉姆最初短期方案里的颜色都有规定的次序，依次是红色、蓝色、橘黄色和绿色。

但是，我还是把吉姆最初加了颜色的日期，重新按顺序加了颜色，一直加到我想开始用短期Delta（STD）分析周期做交易的那一天。颜色错一个，方案就不管用了。

年底前后，我拿到了下一年的日历，继续按顺序加颜色。每一天、每个周末、每个节假日，等等，都必须涂上颜色。想做短期Delta交易，必须知道每天的正确颜色和目标市场的Delta方案。记住颜色的顺序是红—蓝—橘黄—绿。

下面是1991年每个月第一天的正确颜色：

1月	红色	5月	红色	9月	绿色
2月	绿色	6月	绿色	10月	蓝色
3月	绿色	7月	蓝色	11月	红色
4月	橘黄	8月	红色	12月	橘黄

如果你1995年7月15日还在看这本书，那你得从1991年12月1日开始，按照颜色次序一直加到1995年6月15日。（或者你可以给我办公室打电话，报出书的注册号，问一下当天的颜色）

当天的颜色就在当天开盘条状图上。

日内条状图的分析周期是5到40分钟，我觉得15或20分钟最好。

看看下面的图，我现在要在图的顶部写上市场的数列。

三角洲理论

下面是棉花的数列：

注意，你要找的是两条彩线之间数字的位置，因此，你应该保持交易日当天的起始彩线与第二天彩线之间的正确距离。

右边是棉花的日内15分钟K线图，用铅笔把数列写在图上部，从当天的开盘K线开始画彩线，顺序还是红—蓝—橘黄—绿（RBOG）。

每一页大概显示8天的数据。我选了一些短期Delta图，能在一页显示一个完整数列（4天）。

如果数据有中断，就用双色线表示，一旦看到双色线，就表示数列缺失一些天，当天没有交易，如周末或节假日。表示非交易日也有一些规则：

（1）（双线的）第一条彩线是第一个非交易日的颜色，正常周末的话是周六的颜色。

（2）（双线的）第二条彩线是非交易日后第一个交易日的颜色，正常周末的话会是周一的颜色。

周末缺的就是周日的颜色。节假日不会缺颜色，节假日的颜色和之后一天的颜色构成了双色。

显示的图都是从短期Delta图库中选出的，图库向Delta董事开放。但我实际上忘了是哪一年的图了，我想是1988年。如果需要核实的话，可以往后一直加颜色，看看哪一年的颜色序列和图相配。

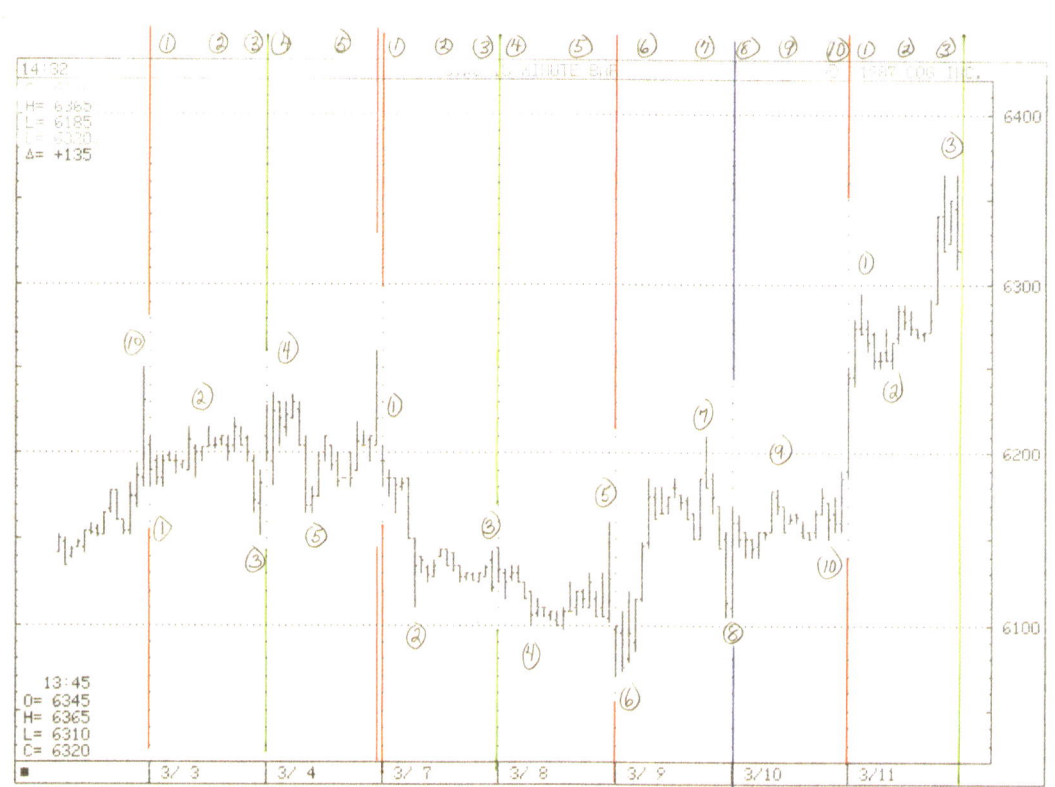

COPYRIGHT 1987 CQG INC. 商品指数图片公司（CommodityQuote-Graphics）TQ-20/20

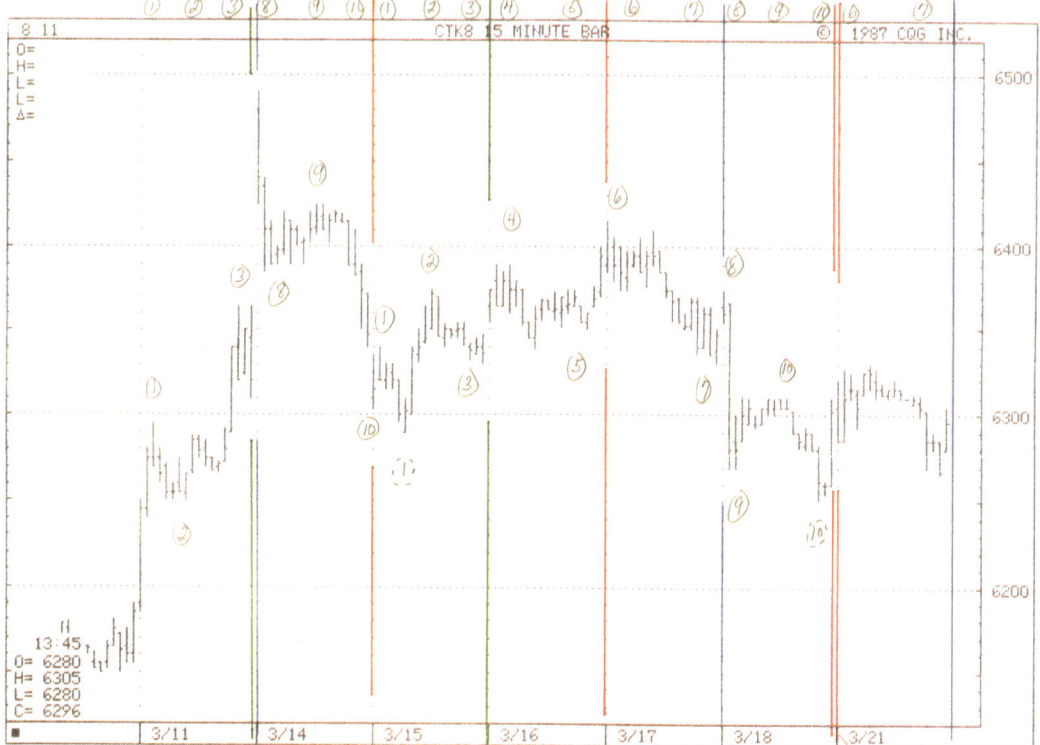

COPYRIGHT 1987 CQG INC. CQG公司版权所有，1987年

三角洲理论

下面两张是木材的图，木材的数列有8个点，点1在红线的后面。第一张图显示了一个完整的数列。注意点3的位置在蓝线上，就是说，这个点可能出现在当天快收盘时，同样也可能出现在第二天开盘时。

我在利用短期Delta做日交易时，知道要注意一些情况，现在对照着图和大家讲讲。所有这些情况都适用所有的Delta分析周期。

如果市场在Delta位置或附近形成低位转折点，但没有上行到下一个Delta高位，而是进行整理，就表明市场在原来的方向上遇到了压力。市场还是"尽力"要攀升到高点，但卖盘压力很大，无法突破，这叫做压力点情况。这种条件下，下一个高点可能会提前，下行到下一个Delta低点的力量很强，这时应该进行交易了！

2月24日的点5和点6就是这种情况，市场没有上涨反而进行整理。应该在点5的支持点下方画一条支撑线，在支撑线做空。

如果市场已经下跌，就像2月24日点8的状态，这种压力点情况更好。市场从点7整理到点8，现在的阻力是上行线，但是这不能改变这个局面，可以利用两个点做空，第一次是在收盘第一次低于阻力线时，第二次是市场到达点7下方时。

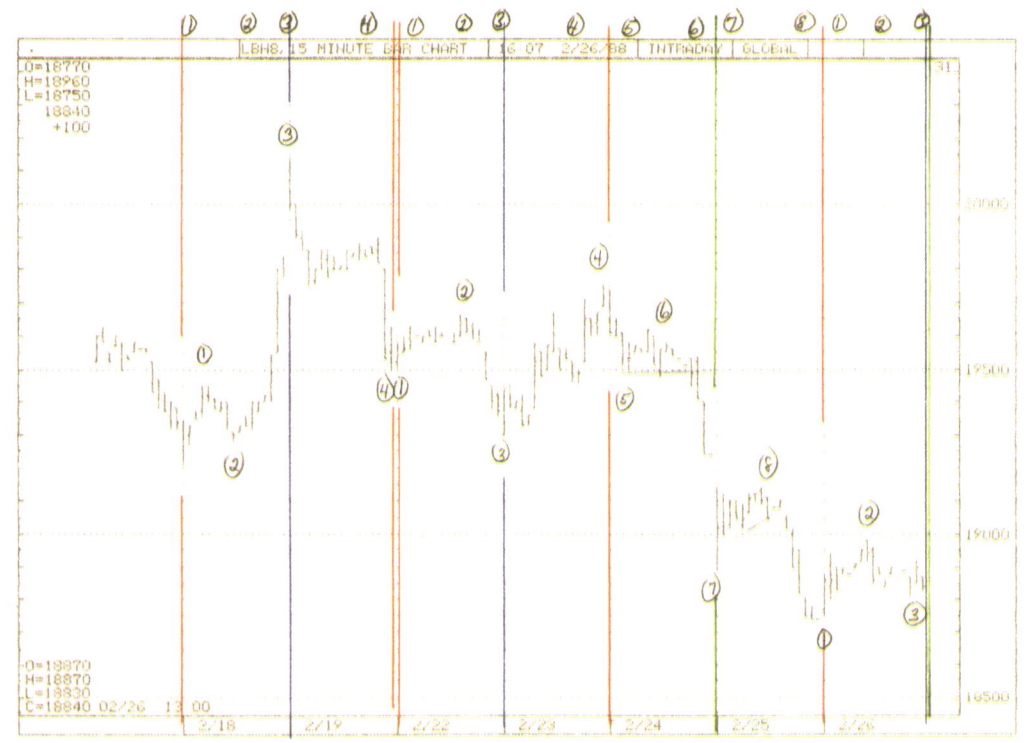

商品指数图片公司（Commodity Quote-Graphics）TQ-20/20

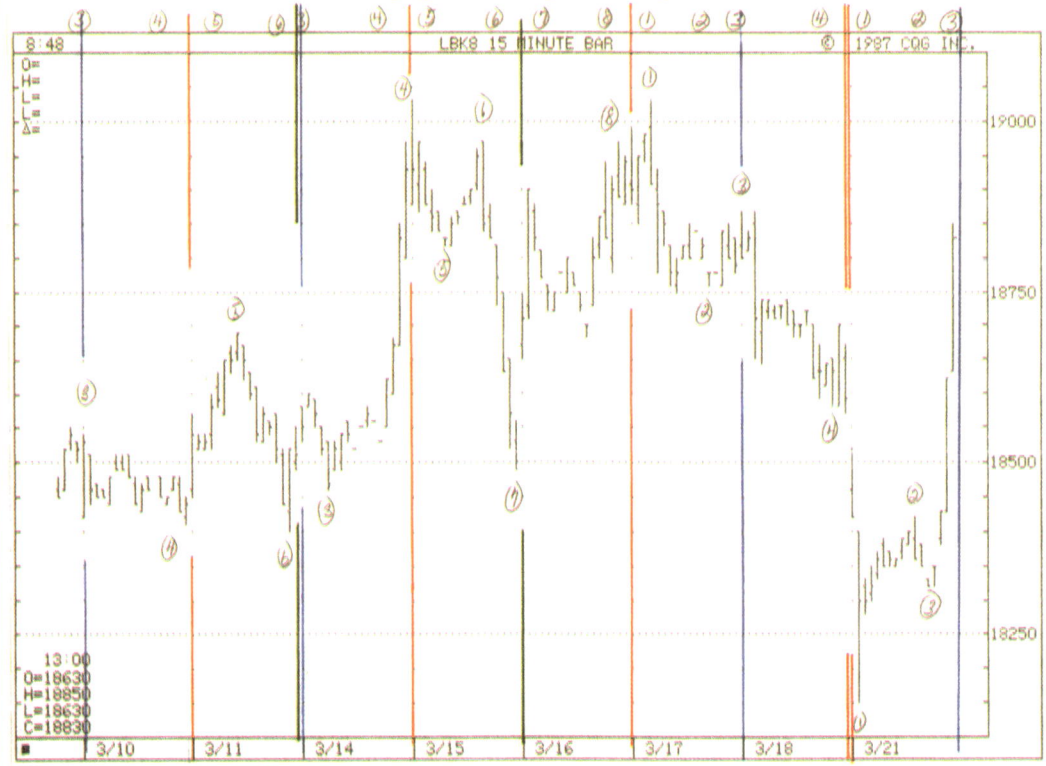

COPYRIGHT 1987 CQG INC。CQG公司版权所有1987年。

三角洲理论

接下来的两张图是猪肚的20分钟图。

对于所有的Delta分析周期,大的移动最有可能发生在点1的前后。注意2月8日点1到点2之间的移动,以及在2月16日虚线圈点1和点2间的移动。市场乏力的另一个表现是在2月11日,注意从点7到点8的整理运动以及确定的支撑线。收盘低于支持线和市场位于点7下方时都能卖空。这次前一个情况提前了。

注意2月16日的运动,这是Delta最好的交易条件。记住,大幅运动最可能发生在点1前,但也只有这时才可能发生倒转,听起来有点自相矛盾。现在来告诉你怎么处理这种情况。在市场从点1运行到点2的时候,找到这个运行的回落点,以及从这个回落点的上行轨迹。一般的做法是下面这样:

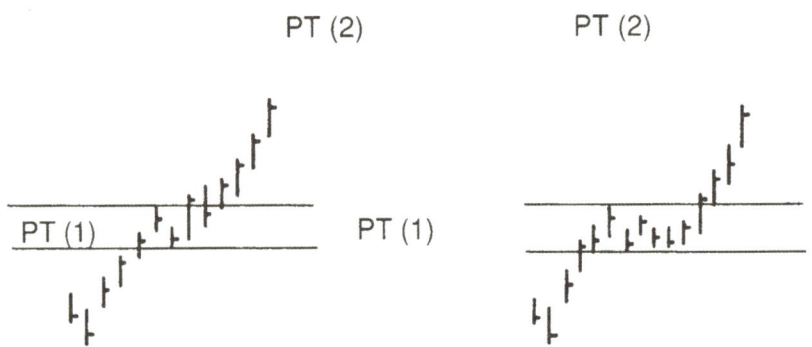

先找时机画好通道。这个例子里,上线从回落点的开始画,下线如左图从运行回到趋势里的位置开始画,或者如右图从确定的支撑线上或左边开始画。

市场运行到通道外就可以交易了。在趋势反方向设置止损位和反向操作。

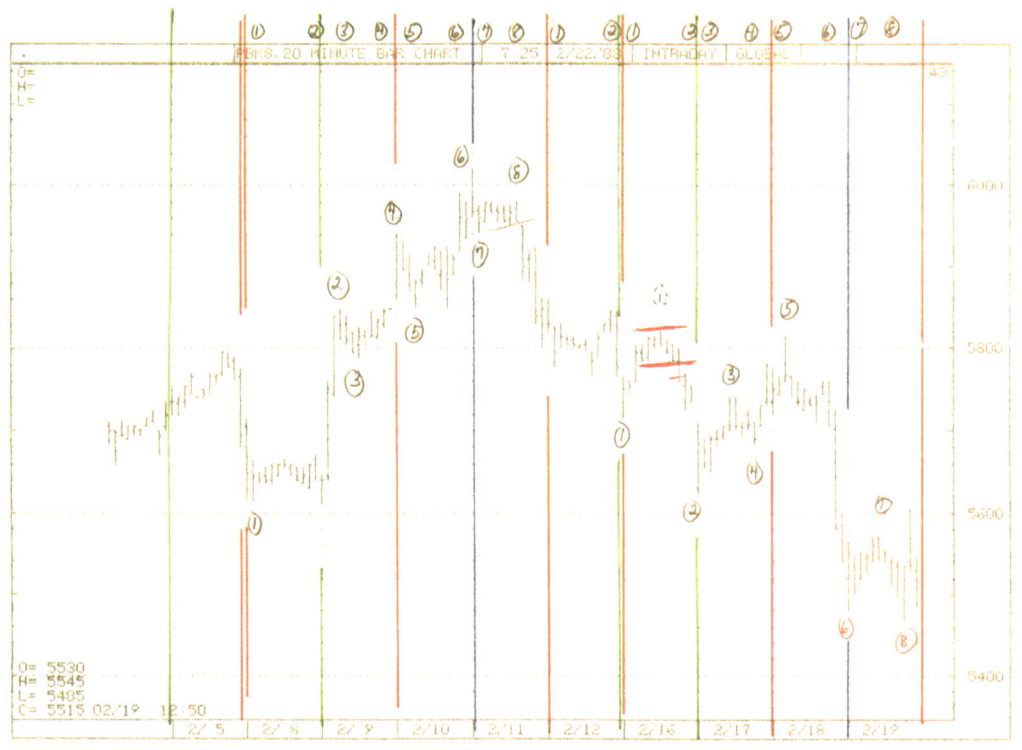

商品指数图片公司（Commodity Quote-Graphics）TQ-20/20

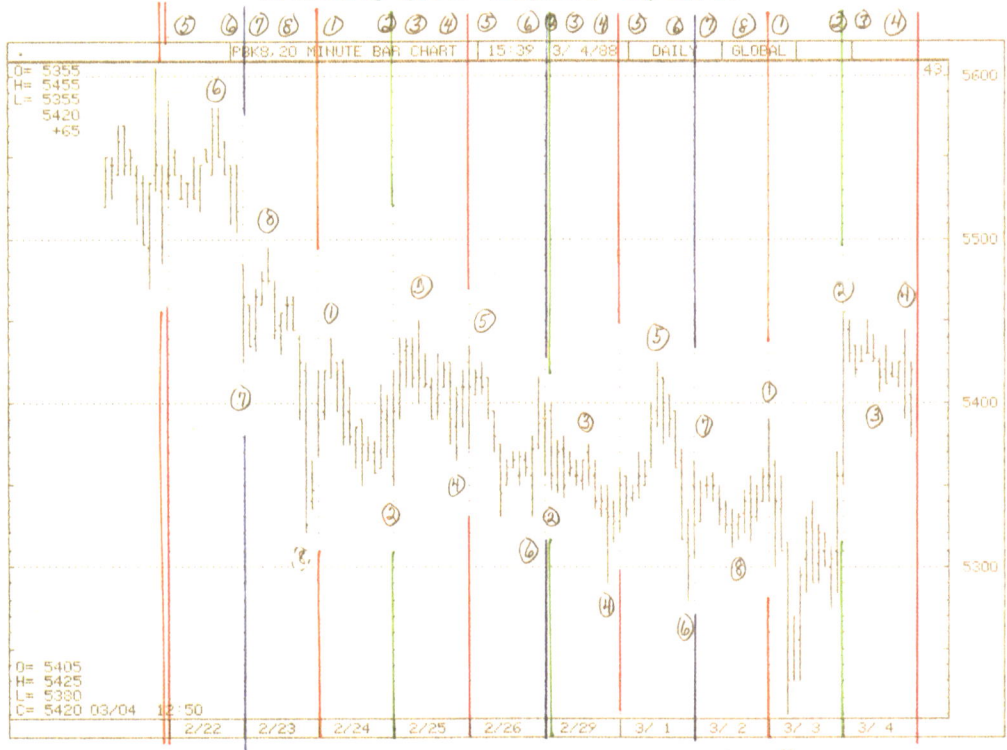

商品指数图片公司（Commodity Quote-Graphics）TQ-20/20

三角洲理论

　　我们要做的就是确定点1和点2之间的徘徊区间，在市场最后确定走向的时候进行交易。如果市场做了假动作，然后倒头向另一个方向运行，那我们就要跟随。只有Delta出现了这种交易情况，才能反向操作。

　　市场很少在第二次突破时还做假动作，市场会再次掉头，在相反方向做最后一搏。这时，在新趋势另一边的止损点再次反向操作。

　　2月16日的猪肚图的上部（见前页）就是这种支撑形成的趋势状态，显然，点1下行到点2时发生了同样的情况。

　　这页上是大豆的20分钟图，大豆有8个点的数列，点1在红线前或后。2月26日点2和3也是一个压力点情况。点2有点推迟，而点3提前了，点2下行到点3几乎看不出来，买盘压力明显，在价格移到点2上方时买入，在点3下方附近设置止损。

　　期货交易中一直使用止损很重要。（我不打算告诉场内交易员怎么交易，但如果你不是场内交易员，还想赚钱，就必须学会止损）否则，问题就不是你会不会被扫地出门，而是你什么时候被扫地出门。

　　在买入前，我知道在哪卖出（不是会在哪），所以我知道每笔交易的风险有多大。很难确定买入的时间，但更难的是知道什么时候退出。如果没学会退出，那就省省劲，别做交易。考虑交易的时候，坐下来，咬紧牙关等到想清楚为止！

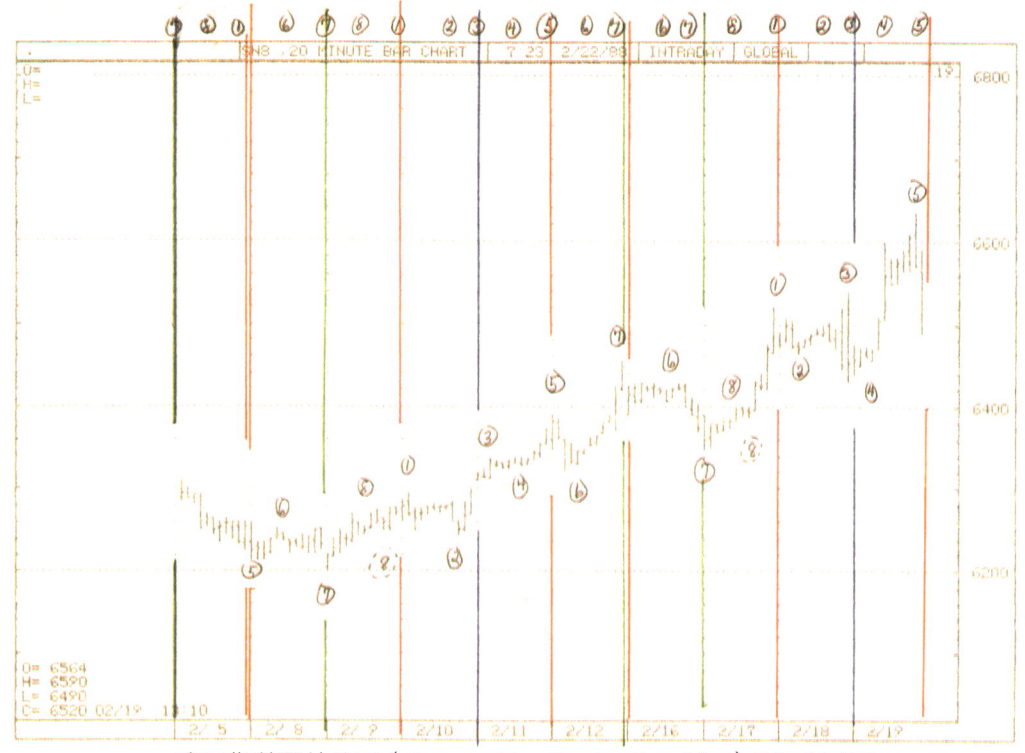

商品指数图片公司（Commodity Quote-Graphics）TQ-20/20

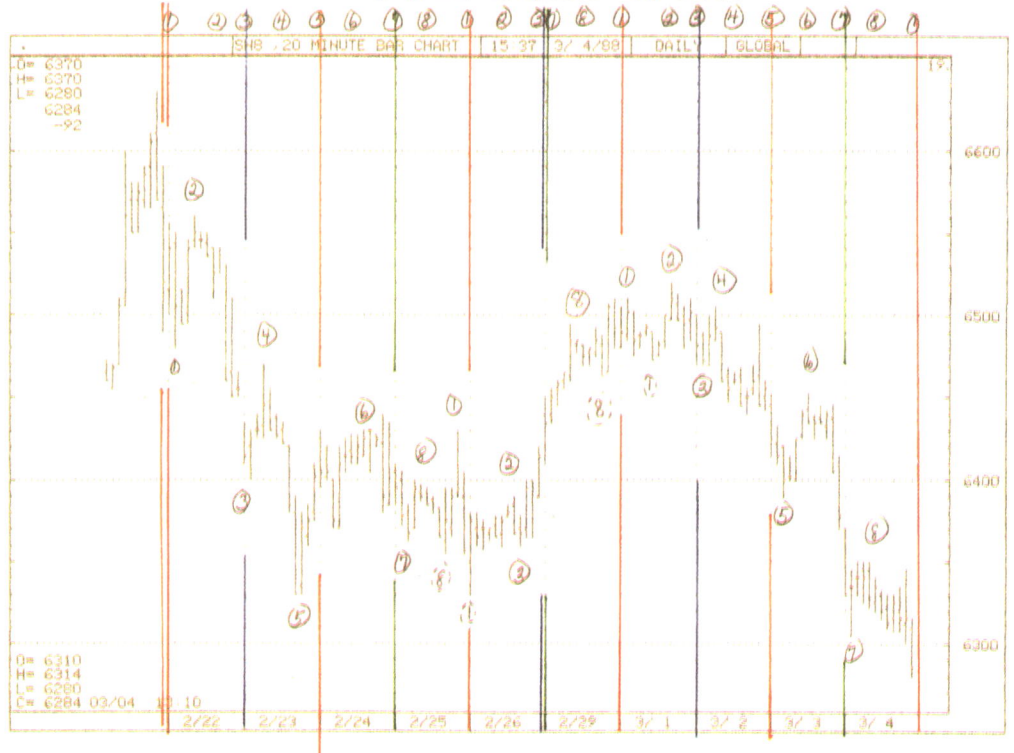

商品指数图片公司（Commodity Quote-Graphics）TQ-20/20

三角洲理论

　　这一页是两张15分钟生牛K线图。生牛有10个点，点1在橘黄色线的前面。注意我在绿线上用了两个5，在红线上用了两个7，这是为了强调这个点在线两边出现的概率一样。注意点2挨上了橘黄线，就是说这个点有时出现在橘黄线上，但更多情况下出现在线后一点。

　　在分析生牛的短期Delta时，我绞尽了脑汁。因为在此之前，我还没见过有哪个市场一天之内可能出现4个Delta转折点。实际上，有天晚上我想了4个小时，最后还是放弃了。第二天我起得很早，又开始考虑这个问题，5分钟内豁然开朗。也许是我的潜意识解决了这个问题！

　　在短期Delta中，数列里的Delta转折点越少，交易就越简单，潜力也更大。为什么呢？因为运行的时间更长。

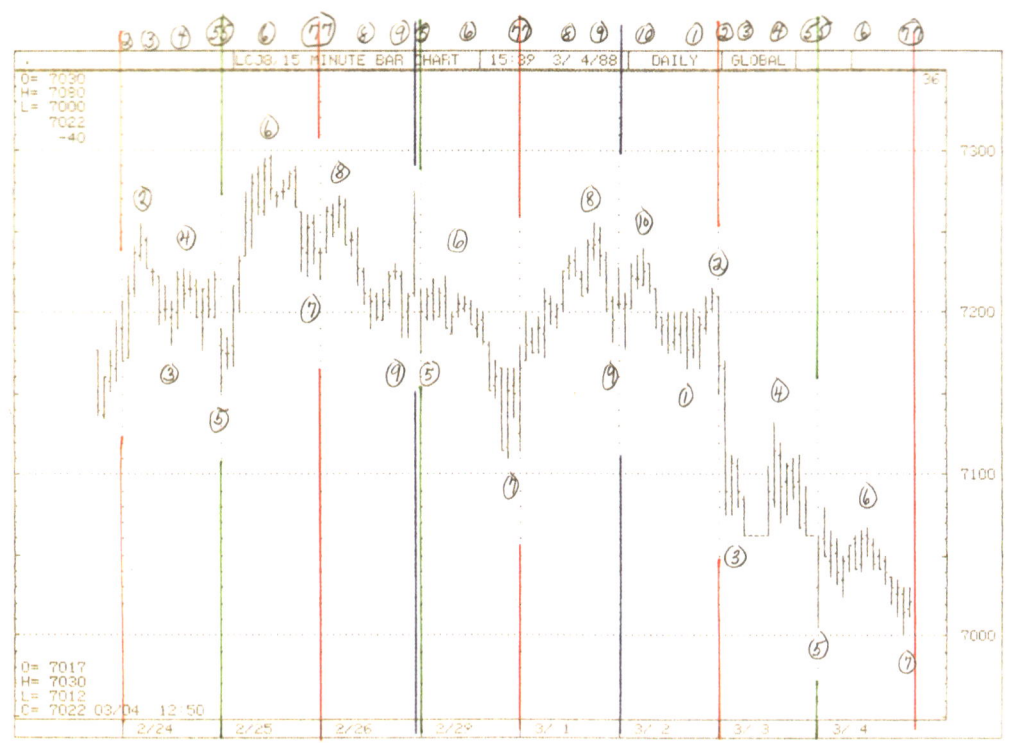

商品指数图片公司（Commodity Quote-Graphics）TQ-20/20

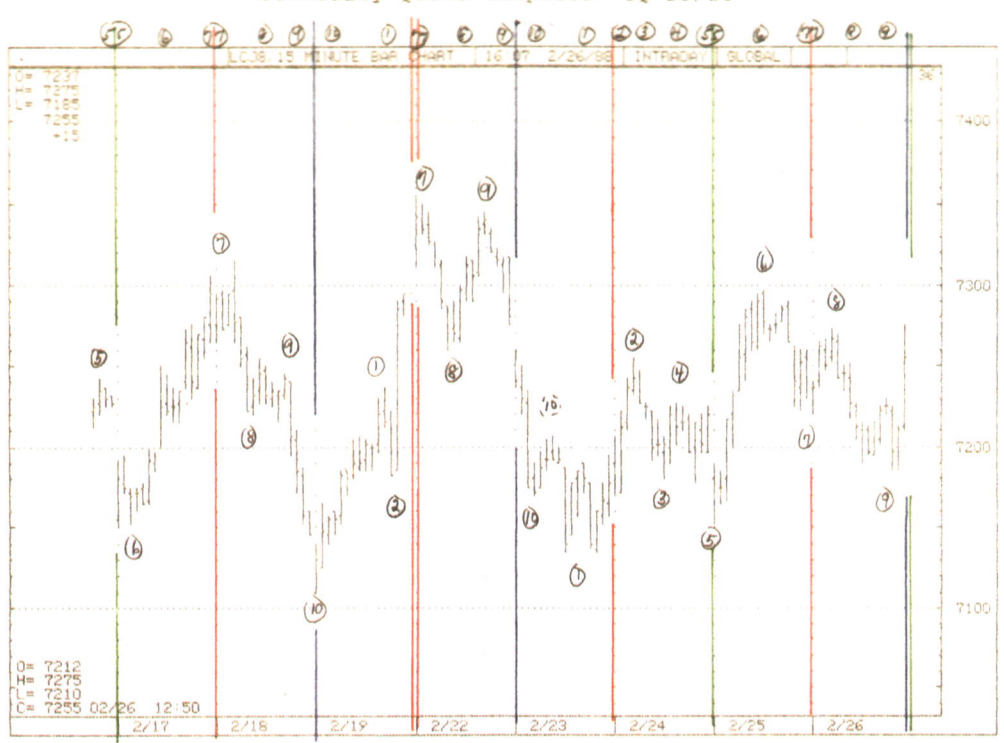

商品指数图片公司（Commodity Quote-Graphics）TQ-20/20

三角洲理论

这一页是白糖的图。我们要看看点1和点2有很长的时间间隔，间隔越大，重大运动持续的时间也越长。白糖的这张图上，点1和点2经历了收盘，跨越到第二天。这个交易条件并不好。但是看看点3-4和点4-5，这三个点持续了两个整天，在短期Delta白糖市场，这个区域有可能出现重大运动。点6-1也是一个长间隔，可以进行交易，这种交易我们刚才在点1-2倒转操作情况下讨论过。注意虚线圈点6-1的情况。

现在来看看第三个交易条件，我称之为旗形和倒转旗形。虽然旗形是众所周知的形态，但是我从没见过这两种形态原模原样地出现过，我认为这是最好的交易形态。（可能的例外是倒转点波浪）

3月1日和3月2日可以看到旗形，先是一个非常急速的上涨（也可能是缺口），接着整理之后就下跌，形成旗形。这个形态的交易方法和压力点情况时一样。波浪式下跌的旗形有两个入市点，一个是收盘高于阻力线时，另一个是突破旗尖时，这个例子里就是虚线圈点1。

3月7日和3月8日的图显示了反向旗形。这时旗子是上下颠倒的，提前出现的点6表明市场的卖盘压力很大。

我们已经介绍了最好的三个Delta交易条件。第一，反向交易，在数列的最后一个点和点1间以及点1和点2间确定趋势，趋势可以通过正向运动和反向运动以及支撑和阻碍两种方式确定。

第二，压力点情况，市场运行乏力，导致下一个点提前。

最后一个是旗形和倒转旗形。旗形是指市场垂直急行到一个点，然后进行整理再下跌，使下一个低点提前出现，再接着上涨。现在用倒转旗形来介绍这种情况的三种不同表现形式。

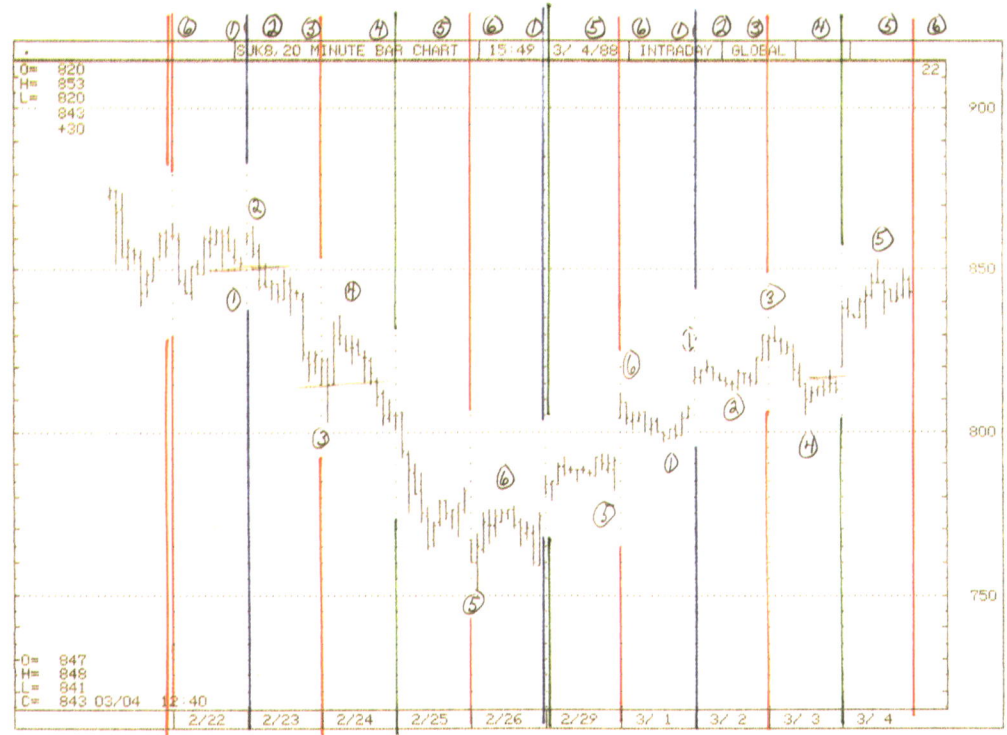

商品指数图片公司（Commodity Quote-Graphics）TQ-20/20

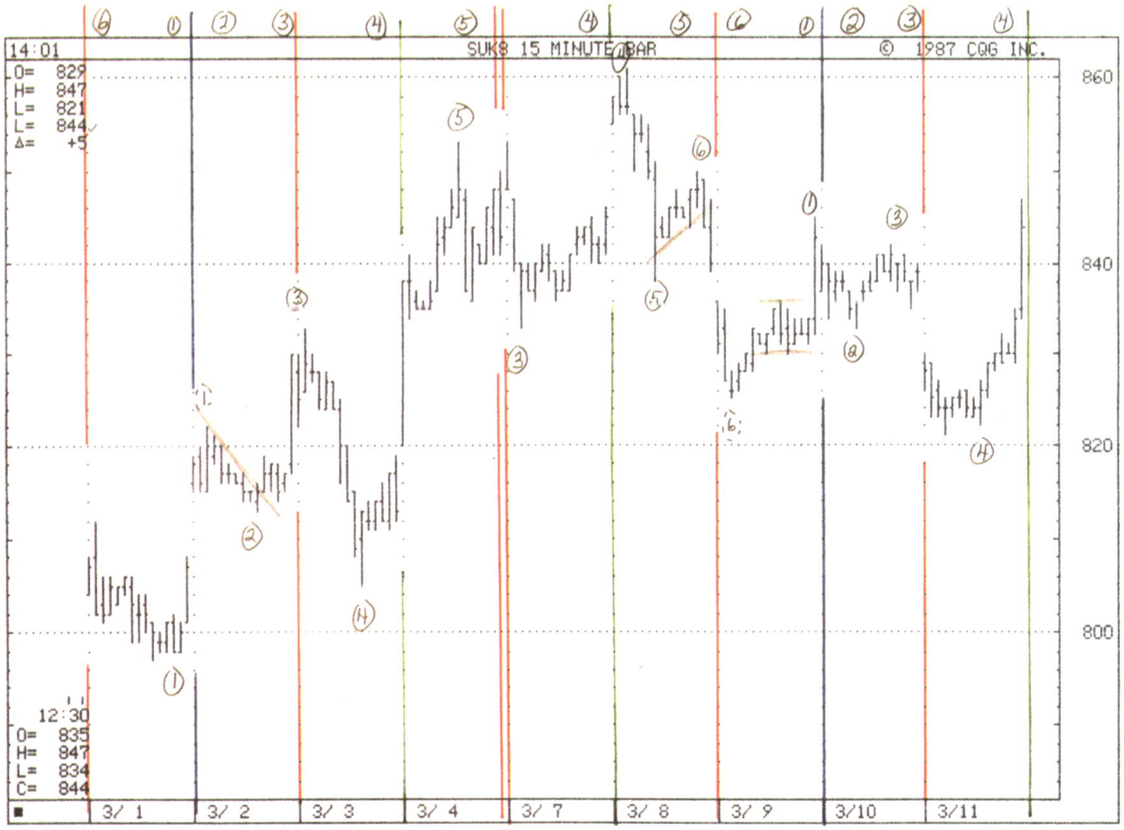

COPYRIGHT 1987 CQG INC.　CQG公司版权所有1987年

137

三角洲理论

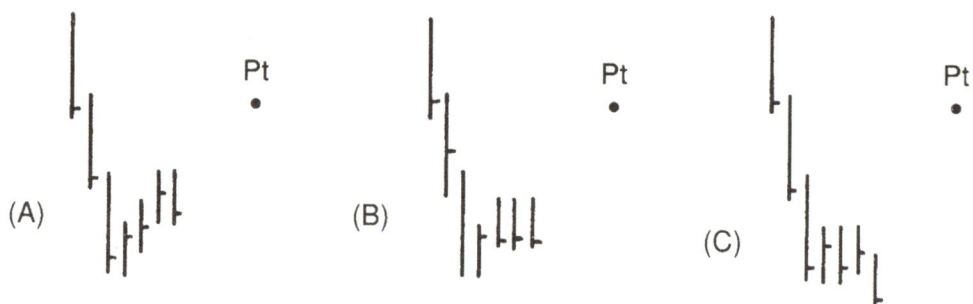

例（A）是典型形式。例（B）表明市场卖盘压力更大，无法按时形成下一个Delta高点。例（C）表明卖盘压力更大，通常预示着有最大的下挫。

这几张咖啡图能说明我们刚才定义的三种特殊交易条件。我再强调一下，这三种交易条件对所有Delta分析周期都适用。

我听一些交易员说过，他们有时对市场有"感觉"。我觉得有时在交易厅真是这样：实时获得交易量的方便和那些吵吵嚷嚷的声音。但我不相信对市场的"感觉"，我见过很多交易员因为跟着感觉走而麻烦缠身。我个人认为，交易员最客观的感觉就在刚刚拿起电话要发出指令的时候。

但用短期Delta交易了几年后，就可以学会"读"市场。Delta规律提供了读市场的方法，只有知道这个规律的人才有同感。读懂市场，就能在市场开始在压力下运行之前知道压力位在哪儿。压力就是买盘卖盘的压力。

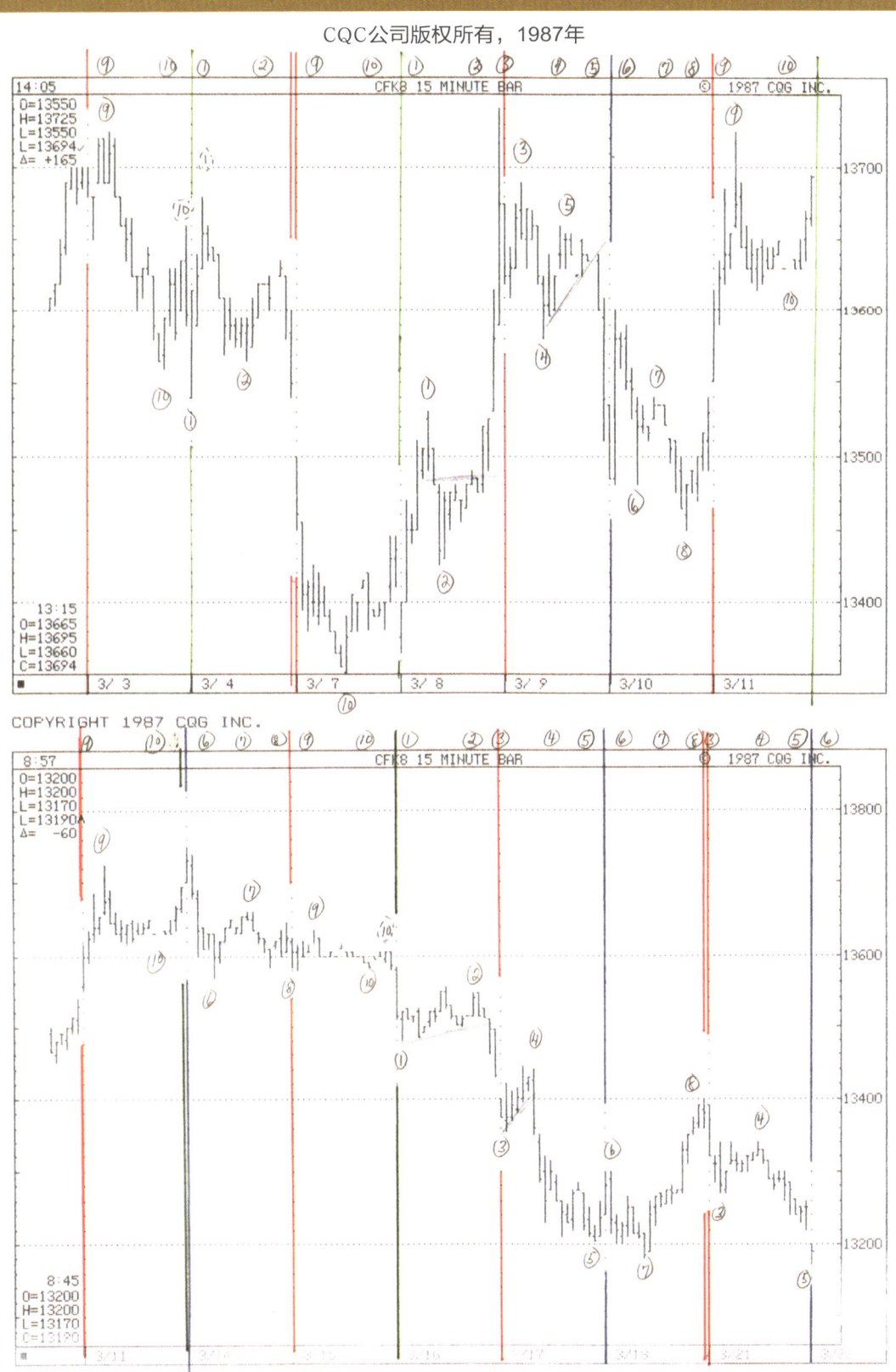

三角洲理论

这三个特殊的交易条件利用了提前确定的市场压力。Delta规律告诉你市场"想"干什么,"会"干什么。而市场不这么干的时候,这个信息比市场按计划行动时更有利可图。听起来不对劲?想一想就没错了。市场正常时,市场的顶部和底部通常会准时形成,但正常市场也只有正常的运行。

这些重大运动发生在强市。(我用"强"的意思是市场在一个方向上的迅速运行,要么涨要么跌)。强市时,Delta转折点在运行方向上会推迟,这就使回落点(与运行方向相反)提前。结合Delta规律总结一下这些信息,的确给知情者提供了交易先机,在市场上占据优势。

这世上其他什么理论都无法提供这个信息。谁都能知道市场"应该"怎么运行,不知底细的人会认为这完全是胡说八道。但就是因为知道了市场应该如何运行,才是读懂了市场。

我从没想过要把这个信息公诸于世。但是,因为一系列我没法控制的事情,这个信息现在举手可得,根本不用花35,000元。

最后一个是短期Delta民用燃料油的图,原油的方案与之相同。民用燃料油有10个点,点1在蓝线上,也就是紧挨着蓝线前或后。这次又是在点1前后出现了重大的运动,注意1987年2月4日的双重倒转。

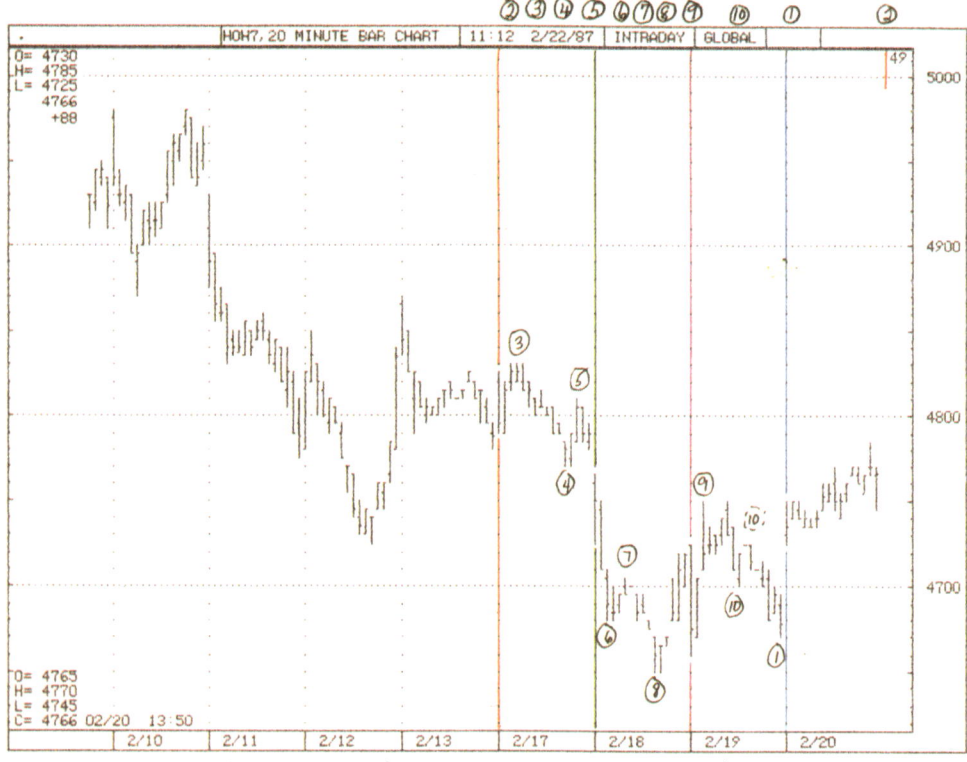
商品指数图片公司（Commodity Quote-Graphics）TQ-20/20

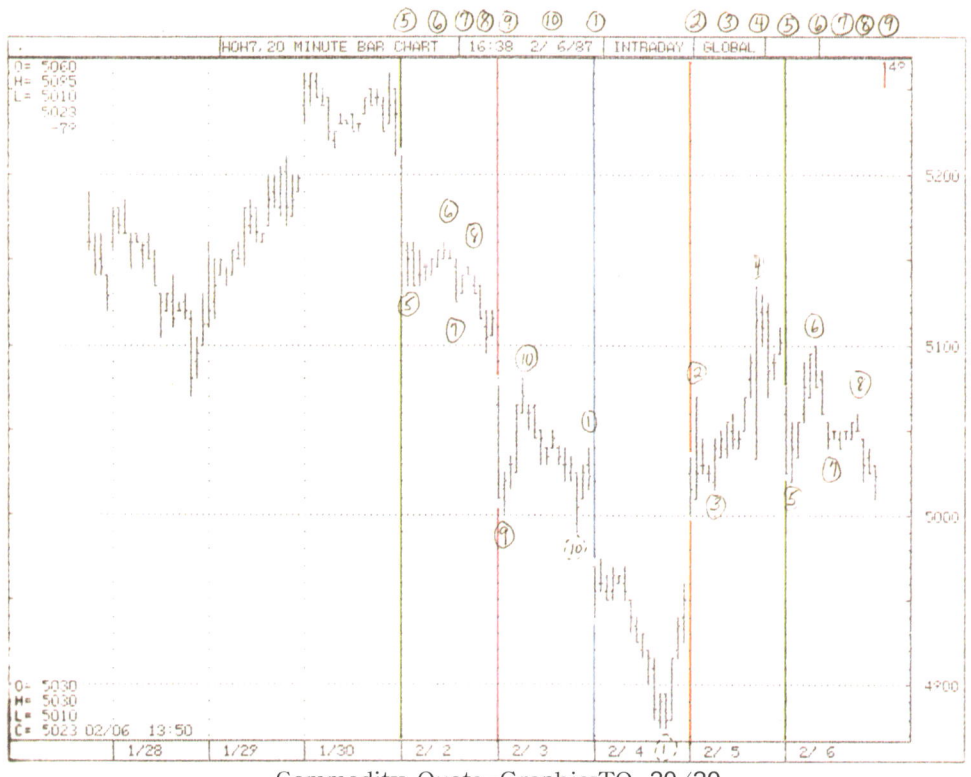
Commodity Quote-GraphicsTQ-20/20

三角洲理论

　　我没给出所有的短期Delta方案，但从现有的方案足可以理解这个完美的规律，即使这些图只表示每日交易。如果不做日内交易，可能根本用不上短期Delta，但这个美妙的规律每天都在每个市场发挥着效力。

　　记住短期Delta的定义了吗？

地球每自转4周，市场正向或反向重复一次。

　　短期Delta就讲到这，5个分析周期也都讲完了。既然我们已经提到了用Delta做交易，下一章再说说我这7年来的交易情况，而且，不错，确实颇有斩获。

三角洲理论

第九章
利用Delta转折点做交易

上一章讨论了Delta最好的三种交易条件。只有知道了Delta转折点的位置和进行交易的转折点，这些条件才能用得上。条件包括：

（1）点；
（2）旗形；
（3）Delta倒转。

既然这些条件是最好的，就只有利用这些条件，才能打个漂亮仗。大多数交易员的最大问题是"过度交易"，就是换手太频繁。只根据上面三个条件做交易，就可以避免过度交易。

我说过要介绍用Delta做交易的最基本概念。知道了Delta转折点的平均日也先别急着交易，要等到市场对Delta日期作出了响应，如果等到市场已经开始改变方向后再出手，就能极大提高获利的精确度（AR）。

怎么就知道市场已经在Delta转折点转向了？只有市场形成了前一个Delta转折点才能肯定。比如说，如果市场从一个高点掉头，下行到前一个Delta低位转折点之下，这个Delta顶部转折点才算是形成了。当然，这时下行潜力可能也没多少了。关键是要等到转向已经发生，而且还有潜力继续在原方向运行。

我这几年开发了三种转向确认信号，10年来一直在用，再简单可靠不过了。Delta会员手册里有过介绍。下面的图都出自那本手册。

(A)入市信号1——如果有一天收盘价低于形成高位当天的低位，这种情况第一次出现时，就在当天设置空头止损。

出现新高的那天就是信号日，从信号日底部向后几天画一条水平的虚线，这是当前的顶部日。如果哪天的收盘低于信号（顶部）日的底部，就在当天的底部或比底部稍低时设置空头止损。

(B)入市信号2——如果有一天收盘价低于连续前4天的收盘价，这种情况第一次出现时，就在当天的底部设置空头止损。

这里关键词是连续前4天的收盘价。这个信号不可能在信号1前出现，但的确经常在信号3前出现。

(C)入市信号3——如果有一天市场顶部低于顶部日的底部，这种情况第一次出现时，就在当天的底部设置空头止损。

再说一遍，哪天出现新高，哪天就是信号日。像信号1里说的那样画一条水平线，如果某一天的范围完全低于顶部日的底部，在当天底部或稍低处设置空头止损。

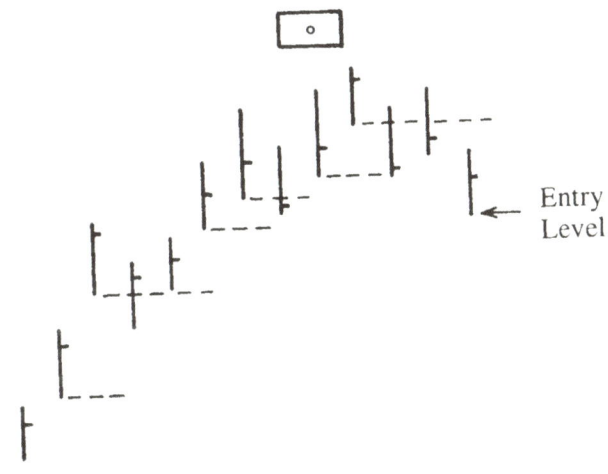

这几个信号可能甚至非常可能一天内出现两个或更多。信号2和信号3比信号1更能肯定市场发生转向，信号3比信号2的指示性更强。交易员可以采取几个策略。例如，可以分别给每个信号分配1/3的仓位，或者等两个或更多的信号出现后，一次性操作，或者随便挑选信号进行组合，确定仓位。

这样交易有什么风险？还是要时时注意止损。记住，血本无归不是因为小错不断，而是因为不经意的一次翻船。什么时候退出应该是交易计划的一部分，在进行交易前就应该计算好。一旦确定了，就不要改来改去。

有两种有意义的止损，技术止损和资金止损。资金止损最简单，算好愿意赔的钱就行。一些交易员用现付止损，一笔交易能实际拿出多少钱来赔。

技术止损的位置应该高于顶部（信号）日的顶部，到底有多高由交易员决定，通常是高一两个单位。市场很多时候会试探前一个顶部（有时看起来像要突破止损点），形成双重顶部。经验丰富的交易员的止损点会远远高于前一个顶部，超出了"一两个单位"的范围，但又没有高到大幅度增加他们的风险。

三角洲理论

我想先讨论Delta转折点的"排队情况",然后说说长期Delta交易策略。每个Delta分析周期都是逐一分别分析的,所以,也有可能发生这种情况:中间期Delta高点1、中期Delta高点1、长期Delta高点1和超长期Delta高点1同一天出现,这该怎么办呢?这下到了世界末日!

我们当然估计会出现急跌。我还从没见过点1能在两个以上Delta分析周期同时出现。万一出现了,那后续运行会非常急速,意思就是,如果任何Delta转折点陆续出现在同一天或差不多同一天,就预示着大动作。

如果知道了超长期Delta高点的Delta日期、长期Delta最接近的三个高点的日期和离这三个高点最近的三个中期Delta高点日期,就能更准确地确定超长期Delta高位出现在哪一天。假设超长期Delta高位的标准方差范围包括两个长期Delta高位,那么超长期Delta高位实际会出现在一个长期Delta高位上,因此超长期Delta高位将会出现在两个日子。假设超长期Delta高位没有出现在第一个长期Delta高位上,那就剩下另一天,标准方差的范围更小了。

现在长期Delta日会出现在两个中间期Delta日其中一天,而且每个中间期Delta高位日会出现在两个中间期高位日中的其中一天,所以说知道了某个市场的一个分析周期日期,只要再知道稍长分析周期的日期,定时准确性就能有质的提高。简单的操作方法是:把图上能看到的每个分析周期的日期(与图上显示的未来日期有关)加上不同的颜色,把高点放到图上部,低点放在下部,一旦Delta转折点排队的话,就能一目了然。

现在来看看Delta会员手册里介绍的长期Delta策略。

长期策略

任何预测分析总是从长期开始,我们也先谈谈长期策略,这是任何市场分析的基础,也是大多数交易员最有斩获的地方。斯坦利·克罗(Stanley Kroll)本人(长期交易造就的百万富翁)一直推崇不朽的乔·克莱恩(Joe Klein),就是他在50多年里稳赚不赔,克莱恩先生就是根据周图和月图进行分析的。能准确预测市场长期的走向,又能坚持"坐下来等"的原则,这就是在期货市场挖到金山的秘诀。

我相信用Delta在市场上赚钱的最重要问题是长期——特别是在商品市场上,转折点是按周计算的,(虽然如此,商品长期交易的交易员倾向于根据月图做大动作)这也是最简单的交易方法。每周看一次周图,就不会纠结于每天的波动、传言和想赢怕输的游离不定,这都让大多数交易员无法坚持自己的交易计划。

没用Delta之前,绝对没有什么理论能让我确信长期走势是什么,更重要的是知道长期走势会持续多长时间。经过去年专心钻研这个理论,我能很有把握地确定每个市场的走向,以及走向持续的时间。有了这个能力,现在即使每周看一次市场,也有信心进行交易。这只是运用Delta程序的一个方式。

每个交易员都有自己的进入和退出长期交易的技术信号,虽然如此,我还是想在这告诉你我这几年觉得不错的一些进入和退出信号。

长期交易进入信号为了举例说明这些进入信号，假设我们正在找底部，现在正处于Delta分析周期内。如果要找Delta分析周期的顶部，把程序反过来就行了。

（1）进入信号1——如果有一周的收盘高于底部周的高位，这一周第一次出现时，在高位设置多头止损。

哪一周在运行方向上形成了新的底部，这一周就是信号周。从信号周的高位向后几个礼拜画一条水平虚线，这就是目前的低位周。如果一个周的收盘价高于信号（低位）周的高位，就在这一周的高位或稍高处设置多头止损。

（2）进入信号2——如果有一周的收盘高于连续前四周的收盘价，这一周第一次出现时，在高位设置多头止损。

这里关键词是连续前四周。这个信号不可能在信号1前出现，但经常在信号3前出现。

（3）入市信号3——如果有一周市场低位高于低位周的高位，这种情况第一次出现时，就在高位设置多头止损。

再说一遍，哪一周出现新低，这一周就是信号日。像信号1里说的那样画一条水平线。如果某一周的范围完全高于低位周的高位，在当周高位或稍高处设置多头止损。

← Entry Level

这几个信号可能甚至非常可能一周内出现两个或更多。信号2和信号3比信号1更能预示市场发生转向，信号3比信号2的指示性更强。交易员可以采取几个策略。例如，可以分别给每个信号分配1/3的仓位；或者等两个或更多的信号出现后，一次性操作；或者挑选信号进行组合。

止损

止损应该时常用到。交易员被扫地出门不是因为小错不断，而是因为不经意的一次大翻船。什么时候退出也包括在交易计划里，在进行交易前就应该计算好。止损一旦确定，就别改来改去，除非对交易有利。

有两种有意义的止损，技术止损和资金止损。资金止损最简单，算好愿意赔的钱就行。一些交易员用现付止损，一笔交易能实际拿出多少钱来赔。另一些交易员遵循保证金需求的一个百分比。例如，如果愿意牺牲保证金的75%，那就要注意商品的价值和波动了。

技术止损的位置可能低于低位（信号）周的低位，到底有多低由交易员决定。通常是低一两个单位。市场很多时候会试探前一个底部，形成双重底部，一再接近止损点，止损点会谨慎地设在前一个底部的下一两个单位处。经验丰富的交易员的止损点会"大胆"，超出了"一两个单位"的范围，但又不至于大幅度增加了他们的风险。

切记切记要止损！否则真会掉在陷阱里出不来！

* * * * * *

讲下一个策略前，还要提醒一点，即使对期货交易毫无所知，根据每周商品图上的Delta长期信息，也能采用上面的策略，一周花不了一小时。

长期Delta图一月只能出来一份。

我还是坚持认为没有"天上掉馅饼的事"，但是这里讲的就是可能最像馅饼了。

三角洲理论

我们谈了如何利用转折点交易，但我认为，重点应该是时间和方向。利用转折点实际上是想找到顶部和底部，这常常很有意思，很让人激动，但还不赚大钱。从哪赚大钱？

问题是，顶部或底部在哪个点就能确定了？答案因用于参考的分析周期不同而不同。这就是我强调长期Delta分析周期是黄金指的原因，能给我们提供时间和方向的范围，这是Delta提供的最有价值的交易信息。它回答了下面两个问题：

（1）运行的方向在哪里？
（2）在这个方向上还能运行多长时间？

我几年前写了《亚当理论》（*THE ADAM THEORY OF MARKETS OR WHAT MATTERS IS PROFIT*），这本书第一次揭示了市场的"内部对称"。《亚当理论》讲了市场的内部对称，Delta讲了市场的外部对称，吉姆·斯罗曼竟然两个都发现了！

根据《亚当理论》，应该等到移动开始再出手，与Delta矛盾吗？如果是想找到顶部和底部，那两个就是矛盾的。

但是，如果从长远看，集中在确定时间和方向，那Delta和亚当理论密切协同作用，相得益彰。钱不白花！

到现在为止，所有的讨论都是针对期货交易，一般多用短期，这不同于股票或债券交易。有了Delta，股票交易比商品交易更容易操作，因为股票真正适用于长期Delta和超长期Delta分析周期，可以无限期持有，而商品期货是有到期日的。

进行股票交易就是另一回事了，我们根据Delta来看看。

三角洲理论

进行期货交易时，必须精确定时。一进入市场就应该立刻确定仓位止损点。只有市场对自己有利时才可以加仓，但增量应该低于原来买卖合约的数量。

股票和债券可以无限期持有，因此定时不用太精确，甚至能低于平均价格买进，而且可以买得越来越多，不用止损，愿意持有多久都行。

一个最有意思的交易策略是，在长期Delta低位买进零息国债，在长期Delta高位卖出。零息国债延期，获得的利润更大。经济利率改变2%或3%，就能使资金增加一倍或两倍。最重要的是，不管什么时候买入，即使在历史最高点买入，如果持有到期，最差的收益也有每年投资的10%左右。

利用零息债券策略唯一的损失发生在高买低卖时，这样做唯一的原因是把钱转投他用。看看超长期Delta一章里国债的超长期Delta买卖点，就可以确认Delta买点到Delta卖点的最长期间是25个月，就是说，即使买点提前、卖点推迟，持有的最长期限也就三年时间。

我发现买卖零息国债最简单的方法就是买卖零息国债基金的股票，这样就能够选择买哪一期的国债。这些基金里有完全投资于政府90天短期国债的其他基金。可以开一个短期国债户头吃利息（可能是最安全的），也可以开一个零息国债户头。通过两个户头之间转移资金，买卖零息国债，只要打一个电话就行了。

如果要用Delta进行最安全、收益潜力又不错的交易，这个就是最好的选择了！

三角洲理论

第十章
Delta解决方案

最后一章讲如何用Delta解决所有市场。我还没见过哪个市场是Delta无法解决的。如果Delta是所有市场运动的基础，那么就可以说，根据太阳、月亮和地球的整个相互运动，每个市场在每个Delta分析周期都有自己的内部机理。

第一次用Delta解决新市场时会觉得很难。但是一旦确定要找什么后，就驾轻就熟了。我见过一两个董事，好像就是掌握不了诀窍，但是大多数人学起来并不难。一些人已经成了行家里手。

这是我找到的最好的学习方法：在图上加了彩线后，把三张图在一张大桌子上竖直排列起来，彩线对齐。

然后，在重大运动两边找主要低位，这样最容易找到点1。记住每个数列有可能都与邻近数列的点高低相反，意思是，如果重要的点在两个颜色之间，点有时是低点有时是高点，根据数列里的同一点就可以找到数列的周期。

不管是在哪个分析周期，每四条彩线必须包含一个完整的数列。

我开始先盯着图看几分钟，不前思后想，仅仅让脑子记住整个图，然后从两个图上同一个位置的任一重要的点开始，用食指分别指着两张图，追踪图上相同序号的点。

三角洲理论

　　我又接着找每张图上的下一个重要点，点的位置有时候一致，有时一上一下。假设我追踪的是同一种颜色附近相同位置的点，那么一个图上的点在高位，另一个图上的点在低位；再假设，为了维持与正确颜色之间的距离，两张图里的点都到了高点，这是倒转出现的第一个线索。

　　接下来要好好猜猜点1的位置，在顶部或底部的合适位置写上1，这是所有三张图上相同的点。然后要同时找到三张图上的下一个点，写上下一个数字，以此类推，一直到把数列排到4条彩线的最后一条线。

　　一般先试着找，也常常出错。但开始在彩线之间标数的时候，方案就浮出水面了。一旦确定了点1的正确位置，方案的其他部分就水到渠成了。

　　找短期Delta方案是最难的，需要的图不少，我至少需要16个星期的图。关于怎么找Delta方案，我已经倾囊相授了。有人觉得简单，有人觉得难，大多数人还是能掌握的。

　　我还要说一下，我和一些董事还不遗余力想找到其他的Delta分析周期。我想有可能存在每个满月重复一次的数列。我用了日内的小时图花了很多时间研究，结果一无所获。有时候能观察到某个规律，但整体看这个规律漏洞百出。我还用很多星体试了试类似6周循环等，但最后也全部偃旗息鼓。

　　说不清为什么，吉姆好像知道超长期Delta是最后一个Delta分析周期，他说我再找其他的都是白费时间。他对这些事情总是一语中的！

　　如果万一中的万一还有另外一个分析周期，只要符合Delta规律，与太阳、月亮和地球的相互运动有关，那也包含在我的版权保护里。

三角洲理论

最后的话

我从来没想过要写这本书,但我必须承认写的过程很兴奋、很享受。写这本书就好像我又给董事教了一遍,同样感觉既诧异又神奇,我能想象读者第一次看到这本书时的吃惊和喜悦。

写的时候,我好像能看到读者惊呼和感叹的表情,他们将要理解的内容这么难以置信,看起来简直无法理解。我自己同时也受到了挑战,写这本书就像走在通往未知的道路上,一路抱着激动和期待的心情,我希望你和我一样享受这个过程,乐在其中。

我想读者看到这里都会同意,Delta理论是有史以来最重要的市场发现。实际上,一想到市场在世界舞台的作用,波及到的政府和民族、资金的得失、自由企业制度的共同特性……这些市场都是有规律,都是能预测的,这个发现一定是历史上最伟大的发现之一。

发现虽然重要,但还不是所有交易员的黄金指,市场不会轻易就让你赚钱。不管市场有什么发现,大多数交易员还是既胆小又贪婪。虽然都制订了计划,但很少有人能保持独立的客观性和毅力坚持执行。大多数交易员都热衷于抄底逃高,都想要腰缠万贯,结果却深陷泥潭,无法自拔。

但是,还是有少数人慎重利用Delta信息而赚得盆满钵满。我并不跟踪所有Delta董事的交易结果,但也知道有一位斩获颇丰,名列前茅,他只是正确运用了这个知识就赚了2000多万。现在你们每个人都知道这个知识和技巧了。祝你们好运!